AF397821

El certamen literario Estatua de la Paz
(Zacatecas, 1722)

EL PARAÍSO EN EL NUEVO MUNDO, 9

El Paraíso en el Nuevo Mundo contribuye al reconocimiento del pasado colonial hispanoamericano a partir de ediciones, críticas o anotadas, de textos significativos de los siglos XVI-XVIII. Su nombre no solo recuerda aquella homónima obra de León Pinelo en la que el Edén estaría situado en las Indias Occidentales, sino también el que su autor fue recopilador de un primer repertorio bibliográfico indiano en 1629, su famoso *Epítome de la bibliotheca oriental i occidental* [...], en el que consignara los títulos hasta entonces publicados por las imprentas virreinales. La obra de Pinelo reúne entonces los dos polos de aquella metáfora borgiana que concebía el Paraíso Terrenal como una biblioteca, metáfora que esta colección pretende evocar a la manera de un nuevo y letrado Jardín de las Delicias.

DIRECCIÓN

Manuel Pérez

CONSEJO EDITORIAL

Ignacio Arellano (Universidad de Navarra, Pamplona)
Aurelio González (El Colegio de México)
Karl Kohut (Katholische Universität Eichstätt-Ingolstadt)
Antonio Lorente Medina (Universidad Nacional
de Educación a Distancia, Madrid)
Beatriz Mariscal (University of California-Santa Barbara)
Martha Lilia Tenorio (El Colegio de México)
Martha Elena Venier (El Colegio de México) †
Lilian von der Walde (Universidad Autónoma
Metropolitana Iztapalapa, México)

El certamen literario
Estatua de la Paz

(Zacatecas, 1722)

Estudio preliminar, edición y notas de
María Isabel Terán Elizondo

Iberoamericana - Vervuert - 2019

UNIVERSIDAD AUTÓNOMA
DE SAN LUIS POTOSÍ

Cualquier forma de reproducción, distribución, comunicación pública o transformación de esta obra solo puede ser realizada con la autorización de sus titulares, salvo excepción prevista por la ley. Diríjase a CEDRO (Centro Español de Derechos Reprográfi c os) s i n ecesita f otocopiar o e scanear a lgún f ragmento d e esta obra (www.conlicencia.com; 91 702 19 70 / 93 272 04 47)

© Iberoamericana, 2019
Amor de Dios, 1 – E-28014 Madrid
Tel.: +34 91 429 35 22
Fax: +34 91 429 53 97

© Vervuert, 2019
Elisabethenstr. 3-9 - D-60594 Frankfurt am Main
Tel.: +49 69 597 46 17
Fax: +49 69 597 87 43

info@iberoamericanalibros.com
www.iberoamericana-vervuert.es

ISBN 978-84-9192-076-2 (Iberoamericana)
ISBN 978-3-96456-859-5 (Vervuert)
ISBN 978-3-96456-860-1 (e-Book)

Diseño de cubierta: Rubén Salgueiros

Depósito legal: M-35285-2019

The paper on which this book is printed meets the requirements of ISO 9706

Este libro está impreso íntegramente en papel ecológico sin cloro

Impreso en España

Continuando la línea de trabajo de esta colección, en este número 9 ofrecemos a nuestros lectores un texto que guarda estrecha relación con tres de los títulos que le anteceden: en cuanto a la temática, con los volúmenes 6 y 7 (a cargo de Jessica C. Locke y Ángela Helmer, respectivamente) por ser este uno más de esos testimonios que nos heredaron las letras virreinales de los grandes ceremoniales barrocos, tanto civiles como religiosos; y en cuanto a la autoría y la procedencia, con el número 4 (a cargo de Carmen Fernández-Galán Montemayor), por tratarse el presente de un evento en el que participó el autor de aquella obra (José de Rivera Bernárdez, segundo conde de la Laguna) y por tratarse, además, de la ciudad de Zacatecas, lugar donde, en 1732, aquel publicaría su *Descripción breve [...]*.

El certamen literario que aquí se edita, *Estatua de la Paz*, fue realizado para conmemorar el matrimonio entre el príncipe heredero de Felipe V, Luis, y Luisa Isabel de Orleans, sobrina nieta de Luis XIV, con el que se pactaba la paz entre España y Francia. El libro rescata la relación de un evento literario poco común en una ciudad del virreinato de la Nueva España dedicada a la minería y el comercio; aunque refleja el interés que los pobladores, de diferentes profesiones y actividades, profesaban a la poesía y los eventos políticos de actualidad. Es este un trabajo hecho con rigor y erudición: el texto, originalmente, escrito de manera corrida, es presentado como lo que es: un documento barroco tardío, mixto, que combina varios tipos textuales, una narración en la que se incluye un extenso diálogo que a su vez incluye poemas. En el estudio introductorio, el lector encontrará un panorama que contextualiza el texto en el marco de los sucesos históricos y las tradiciones literarias en las que se inserta, mientras que en las notas hallará información suficiente para emprender una lectura cercana y actualizada. La editora, María Isabel Terán Elizondo, es autora también de las ediciones de la *Apología por* La portentosa vida de la Muerte *de Bruno Francisco Larrañaga* (2001), *La heroína Mexicana* (2009), *El siglo ilustrado. Vida de don Guindo Cerezo* (2010) y la *Relación verífica de la procesión del Corpus* (2011).

Para Miranda,
la más joven de mis ilusiones

Índice

Agradecimientos

La edición de esta obra, parte del patrimonio cultural de la literatura regional del actual estado de Zacatecas, México, y testimonio importante de cierto "género" literario poco estudiado aún de nuestra literatura novohispana, nunca hubiera sido posible sin la invitación del Dr. Manuel Pérez a conformar un equipo de investigadores que quisieran rescatar y editar textos hispanoamericanos del período virreinal, ambicioso y noble proyecto que coordina. Vaya pues para él mi más sincero agradecimiento, por permitirme ser parte de ese selecto grupo de entusiastas especialistas, y mis felicitaciones por el indudable éxito de este afán, que ya lleva varios títulos impresos para demostrar lo valioso de sus frutos.

Vaya también mi agradecimiento a todos aquellos que de un modo u otro hicieron posible esta edición: al Consejo Nacional de Ciencia y Tecnología (CONACyT), por haber apoyado este proyecto con fondos de Ciencia Básica; a la Universidad Autónoma de San Luis Potosí, por ser el respaldo académico de esta empresa; a la Universidad Autónoma de Zacatecas, donde laboro desde hace 25 años; y muy especialmente a todos los que me han acompañado como equipo de trabajo dedicado al rescate y estudio de la literatura novohispana: mis colegas María del Carmen Fernández Galán Montemayor, Alberto Ortiz y Víctor Manuel Chávez Ríos; y a nuestros alumnos y tesistas que han participado en el seminario permanente de edición de textos, fundado en 2010, donde leemos, practicamos y discutimos sobre la mejor forma de rescatar y dar a conocer obras novohispanas: Nancy Erika Acuña Aguayo, Nancy Judith Alonso González, Ana Lilia Félix Pichardo, Bardo Alberto Garma Méndez, María Refugio Grey Martínez, Irma González de la Rosa, Adso Eduardo Gutiérrez Espinoza, Sonia Ibarra Valdez, Salvador Lira Saucedo, María del Carmen Loera Gómez,

Aída Janeth López González, Leticia López Saldaña, Citlalli Luna Quintana, Laura Elena Ramírez Ramírez y Manuel Trujillo Diosdado.

Mención especial merecen Sonia Ibarra Valdez, por su valioso apoyo en el cotejo de las transcripciones en español y la precisión y utilidad de las notas; Leticia López Saldaña, por el cotejo de la transcripción de los poemas y frases en latín; y María Refugio Grey por la última corrección de estilo. Mi reconocimiento también a Rocío Padilla Flores, por la traducción y/o revisión de los fragmentos latinos; y al Dr. Cirilo García Román, cuyos consejos, fruto de su vasta erudición, me salvaron más de una vez cuando me encontraba agobiada con pasajes, obras o autores citados que no lograba localizar.

María Isabel Terán Elizondo
Otoño de 2018

El certamen literario
Estatua de la Paz

Introducción

En 1722 y 1724, dos prominentes miembros de la sociedad zacatecana: don José de Urquiola, primer conde de Santiago de la Laguna,[1] y don José de Rivera Bernárdez,[2] quisieron mostrar públicamente su lealtad

---

1. Joseph de Urquiola. Originario de Mondragón, en el obispado de Calahorra, en la provincia de Guipúzcoa. Emigró al Nuevo Mundo y se estableció en Zacatecas, dedicándose a la explotación minera, actividad que le permitió acumular grandes riquezas, con las que retribuyó a la ciudad a través de donaciones para obras piadosas y civiles. Incursionó en el oficio de las armas, alcanzando el grado de capitán, y también en el de la administración pública, llegando a asumir el cargo de alcalde ordinario. A solicitud de parte, Felipe V le otorgó el título de conde de Santiago de la Laguna en 1710. En diversas ocasiones tuvo la oportunidad de demostrar su lealtad a la Corona española patrocinando el certamen literario *Estatua de la Paz* (1722) y erigiendo el obelisco de cantera (1724) que respectivamente conmemoraban las nupcias y la elevación al trono de Luis I; o, de manera más proactiva, organizando a su coste un pequeño ejército para contener la rebelión nayarita, generosidad y muestra de leal vasallaje que le valió que el virrey en turno, el marqués de Valero, le otorgara el grado de coronel de infantería española. Se casó con doña María Mendoza de Carvajal, con quien no tuvo descendencia, por lo que, a su muerte (acaecida probablemente en 1726), su título y fortuna pasaron a José de Rivera Bernárdez, esposo de su sobrina política Efigenia de Carvajal. Martín Escobedo Delgado, *Tres hombres escriben el mundo. Historia de la escritura en Zacatecas (1700-1750)*, Zacatecas, Universidad Autónoma de Zacatecas/Ayuntamiento de Zacatecas, 2007, pp. 158-160.

2. El testamento de Joseph de Rivera Bernárdez consigna que es "Originario de la villa de Pedroso, en la Rioja, provincia de Castilla" (AHEZ, Fondo Notarías, ff 10-11. Año de 1742). Emigró a América siendo muy joven y se estableció en Zacatecas en 1710, requerido por su tío materno, Ignacio Bernárdez, un rico minero viudo y sin hijos, "ansioso por delegar [...] su riqueza en un familiar que asegurara la pervivencia de su estirpe". Se hizo cargo de la administración de los bienes de su tío y, en 1716,

al rey Felipe V de España. Para ello, decidieron organizar y patrocinar unas fiestas dedicadas a celebrar, primero, el enlace del príncipe Luis[3] con la duquesa francesa Luisa Isabel de Orleans; y, después, la coronación del mismo, debido a la abdicación de su padre. Lamentablemente, estos últimos festejos se vieron ensombrecidos con la prematura e inesperada muerte del joven soberano, acaecida a los pocos meses de su ascenso al trono; noticia funesta que arribó tarde tanto a América como a la ciudad de Zacatecas.

concertó un matrimonio ventajoso con Efigenia de Carvajal Sañudo, hija de una familia de raigambre y riqueza en la región y sobrina política de don José de Urquiola, primer conde de Santiago de la Laguna; con ello, se posicionó en las más altas esferas de la sociedad zacatecana y, posteriormente, se convirtió en uno de los hombres más ricos al heredar tanto la fortuna de su tío directo como la del tío político de su esposa, de quien obtuvo también el título nobiliario. Martín Escobedo Delgado, "Familias y redes de poder en Zacatecas. El caso de la parentela", *Clío*, Nueva época, 4, núm. 32 (2004), pp. 119-120. Entre sus variadas actividades como mecenas, en 1718 participó como organizador del certamen literario *Piscina zacatecana*, convocado para celebrar la reedificación del convento de San Juan de Dios, patrocinando además la impresión de la relación de sucesos del festejo, titulada *Descripción breve de la ciudad de Zacatecas* y reseñada por Juan de Santa María Maraver. El segundo conde de Santiago de la Laguna destacó tanto por ser mecenas de eventos culturales (en 1722, del certamen literario *Estatua de la Paz* y la construcción de un teatro para representar comedias por el matrimonio del primogénito de Felipe V; y en 1724, de la erección del obelisco de cantera que conmemoraba su jura como rey), como por otro tipo de obras (en 1728, la construcción de una capilla en la cima del cerro de la Bufa dedicada a la Virgen del Patrocinio, cuya consagración se celebró con grandes festejos religiosos y civiles que corrieron por su cuenta; al igual que la impresión del sermón *La nueva espiritual fortaleza, erigida en el más eminente sitio de la ciudad de Zacatecas para su reguardo y custodia* (México, Hogal, 1729), predicado para dicha ocasión por el franciscano fray Cosme Borruel). Se le reconoce también como historiador por *El compendio de las cosas más notables contenidas en los libros del cabildo de esta ciudad...* (1732) que quedó manuscrito, y por la *Descripción breve de la muy noble y leal ciudad de Zacatecas* (México, Hogal, 1732). Incursionó en el oficio de las armas, con el cargo de coronel del regimiento de infantería; y en la administración pública como alcalde ordinario (1727), diputado de minería (1729) y teniente de corregidor. A la muerte de su esposa (1735), optó por las órdenes sacerdotales. Recibió el nombramiento de vicario *in capite* y juez eclesiástico de Zacatecas (1736) y el de comisario del Santo Oficio (1739). Murió en 1742. Martín Escobedo Delgado, *Tres hombres escriben el mundo...*, pp. 157-191, *passim*.

3. Luis I de España (1707-1724) fue el hijo mayor de Felipe V y María Luisa de Saboya. Se casó con Luisa Isabel de Orleans en 1722. En 1724, Felipe V abdicó en su favor, pero Luis murió de viruela a los siete meses de convertirse en rey, por lo que su padre regresó al trono. Luisa Isabel de Orleans (1709-1742) era sobrina nieta de Luis XIV de Francia e hija de Francisca María de Borbón y Felipe II, duque de Orleans, regente durante la minoría de edad de Luis XV; padecía deterioro de sus facultades mentales. A la muerte de su esposo regresó a Francia, donde vivió hasta su deceso.

Entre las actividades previstas para ambos eventos se encontraban la representación de comedias, desfiles ecuestres, de máscaras y de carros alegóricos; corridas de toros, artificios pirotécnicos y otras diversiones. Para las fiestas de 1722, los mecenas mandaron construir un teatro en cuya decoración participó el propio Rivera Bernárdez, diseñando y mandando pintar un obelisco adornado con jeroglíficos —que dos años después sería erigido en cantera para la coronación de Luis I—, cuyo simbolismo develaría tiempo después mediante un escrito en latín.[4] Para ese primer festejo, se convocó, además, a una justa literaria denominada *Estatua de la Paz*, acompañada de otros espectáculos, como un carro alegórico con la forma de un navío de velas fabricado *ex profeso* para que recorriera la ciudad.[5]

La memoria del certamen de 1722 y la écfrasis del obelisco de cantera erigido en 1724 —escrita probablemente en 1726— fueron impresas por José Bernardo de Hogal[6] en 1727, a costa de Rivera Bernárdez. Las razones por las que este acaudalado personaje solventó

4. Según Martín Escobedo Delgado, Frédérique Langue se equivoca al señalar que el obelisco fue erigido en la plaza principal de Zacatecas; él asegura, en cambio, a partir de la documentación que localizó, que estuvo en la plazuela del Maestre de Campo. Martín Escobedo, *Tres hombres escriben el mundo...*, p. 163, nota 12. Según este mismo autor, Rivera Bernárdez erigió el obelisco *antes* de obtener la licencia para ello. Sus dimensiones eran de 12.5 metros de altura por 3.34 metros por cada costado y sus misteriosos jeroglíficos causaron suspicacia en los inquisidores, razón por la que se vio en la necesidad de explicarlos. *Ibid.*, pp. 167-168. El texto en el que los explica es una écfrasis latina titulada: *Obeliscus Zacatecanvs sive Elogivm Hyeroglyphicvm ex Aegyptiorvm doctrina depromptum in honorem Serenissimi Lvdovici I Hispaniarum Regis erectum, die quo nobilisima Zacatecana Civitas propter eius exaltationem ad Regium Solium plausibius festivitis suorum Incolarum animos exhilarabat. Pars vnica. In qua tam simetria, quam Hieroglyphicorum expositio breviter enodatur a D. Josepho Rivera Bernardez, Comité Sancti Jacobi de Plaude, & peditum quingentorum Duce.* A pesar de haber sido escrito entre 1724 y 1726, no fue impreso sino hasta 1727 como apéndice del certamen *Estatua de la Paz* y consta de 15 páginas. Como la traducción y estudio de este texto fueron publicados en María del Carmen Fernández Galán Montemayor, *Obelisco para el ocaso de un príncipe*, Zacatecas, Universidad Autónoma de Zacatecas/ Texere Editores, 2011, lo omitimos de la presente edición. El obelisco de cantera sobrevivió hasta finales del siglo XIX, cuando fue demolido.

5. En el propio certamen se describe la majestuosidad del navío: "un monstruo de pino,/ sin mendigarle movimiento al lino/ surcó con nuevo arte/ de toda la ciudad la mayor parte; tan costoso, tan propio, tan lucido,/ tan veloz, arrogante y tan erguido,/ que aun el mismo Neptuno,/ envidioso importuno,/ al cielo se quejaba/ de que la tierra naves abarcaba".

6. Esta imprenta funcionó entre 1721 y 1737; sus herederos la mantuvieron vigente algunos años más, entre 1742 y 1787.

la impresión de ambos escritos, cuando, tras su deceso, las muestras de lealtad a Luis I habían perdido el impacto político deseado, son inciertas: quizá buscaba halagar al reinstalado rey Felipe V, a quien dedica las obras; o tal vez deseaba ofrecer un homenaje póstumo a su benefactor y copatrocinador de las fiestas, don José de Urquiola, fallecido el año anterior; o también es probable que considerara este gesto como el más idóneo para inaugurar sus mecenazgos bibliográficos con el recién adquirido título de segundo conde de Santiago de la Laguna, que heredó de aquel y empezó a utilizar, con la autorización del virrey, a partir de marzo de 1727.[7]

La autoría de la relación[8] del certamen deja muchas dudas. La obra no está firmada y la portada del impreso no propone el nombre de su autor. El único nombre que aparece mencionado en todo el texto es el del mecenas de la impresión —José de Rivera Bernárdez—, quien, como ya se dijo, es a su vez el autor de la écfrasis del obelisco que se incluye como apéndice. Esto provoca cierta confusión, porque una lectura superficial podría atribuirle erróneamente también a él la autoría del escrito que aquí se edita.

Como se explica más adelante, era costumbre que en los certámenes literarios el secretario se encargara de redactar la relación. El propio texto le reconoce ese rol al bachiller José de Aguirre Villar,[9] por

---

7. Martín Escobedo Delgado, *Tres hombres escriben el mundo…*, p. 173.

8. Las relaciones de sucesos o relaciones festivas, que tienen su antecedente en las llamadas cartas de relación, donde un emisor le hacía llegar a un destinatario la "relación" de ciertos acontecimientos que atestiguó, como las *Cartas de relación* de Hernán Cortés, son un género entre histórico, periodístico y literario, de circunstancia, y dirigidas a un público amplio, generalmente letrado. Se trata de descripciones —a veces siguiendo una estructura cronológica— de sucesos extraordinarios, militares o históricos; viajes, autos de fe, certámenes literarios, etcétera; o las circunstancias de una festividad civil, política o religiosa, conformadas por muchos eventos (sermones, desfiles, procesiones y una variada gama de diversiones), y que a veces incluían la écfrasis de arcos triunfales, túmulos funerarios u otros aparatos efímeros o imágenes; todo ello con el fin de que dichos acontecimientos fueran recordados. Era usual que fueran escritas por encargo e impresas por algún mecenas. Su extensión dependía de la importancia y magnificencia de los hechos, de los recursos del patrocinador o de la habilidad literaria de su autor para describir los sucesos.

9. No pudimos encontrar datos sobre este personaje. Solo sabemos que participó y recibió el primer premio en el segundo asunto del certamen literario *Piscina zacatecana*, convocado en 1718 para la dedicación del reedificado edificio de la Orden de San Juan de Dios en Zacatecas. Ana Mónica González Fasani, "Fiestas y poder en el siglo XVIII. La Palestra ingeniosa, un certamen literario", en Roberto Casazza, Javier Storti, Lucía

lo que sería válido suponer que él es el autor, a pesar de que no lo diga explícitamente. Sin embargo, aunque una parte del escrito se le atribuye al "secretario", porque así se aclara: "Introducción que hace el secretario del certamen"; otras, como el prólogo, no lo especifican y no hay suficientes elementos como para asegurar que esté redactado por la misma mano.

Por otro lado, como entre los paratextos de la obra no se incluyen las censuras, y las licencias no lo puntualizan, no es posible saber, por ejemplo, si los censores o quienes concedieron los permisos de impresión tenían claro quién o quiénes escribieron qué partes. Solo la dedicatoria está suscrita por el "conde de Santiago de la Laguna", que asumimos es el segundo con este título, es decir, don José de Rivera Bernárdez, pues además de ser el mecenas de la impresión de la obra, para 1727 en que está fechado este homenaje, ya había muerto don José de Urquiola, el primer conde, que como ya se comentó había participado también como patrocinador de los festejos de 1722 y 1724.

Esta insólita situación deja en el aire algunas preguntas: ¿por qué José de Rivera Bernárdez no le reconoce a José de Aguirre Villar la autoría de la relación del certamen?, y ¿por qué este no reivindica su autoría firmando el escrito, dejándolo en el anonimato? Una posible respuesta a estas interrogantes sería que quizá en la época no se consideraba como un verdadero "autor" o un "literato" a quien redactaba una relación de sucesos, de ahí la ausencia de reconocimiento de la autoría. Sin embargo, contra esta hipótesis está la evidencia de que hay ejemplos de escritos similares firmados tanto por autores laureados como por personajes desconocidos.

Otra explicación probable podría ser el exceso de modestia del secretario, quien quizá no consideraba su texto o a sí mismo con las dotes necesarias como para adjudicarse el papel de "autor". Y una posibilidad más sería que atribuir una obra a la creatividad individual de alguien no era un asunto tan relevante en ese momento histórico, pues muchas eran resultado de la colaboración de varios individuos y, por supuesto, confluían en ellas las opiniones de una gran cantidad de

Casabellas Alconada y Gustavo Ignacio Mínguez (eds.), *Artes, ciencias y letras en la América colonial. Investigaciones presentadas en el Simposio internacional homónimo realizado en Buenos Aires los días 23, 24 y 25 de noviembre de 2005. Tomo I*, Buenos Aires, Teseo, 2009, p. 101.

autores a los que se recurría para solventar las propias ideas, que nunca se alejaban del principio de autoridad, ya fuera religioso o literario.[10]

Pero, además de las explicaciones reseñadas, no es posible obviar una hipótesis más: el evidente protagonismo de José de Rivera Bernárdez, quien quizá prefirió dejar en el limbo de la ambigüedad la autoría de la obra debido a que es probable que tomara parte en su hechura: si no en su redacción, sí en su inspiración, composición, disposición y/o corrección, ya que era afecto a participar activamente en los eventos que patrocinaba. Por ejemplo, en las celebraciones de los festejos de 1722, fungió, como ya se dijo, como diseñador del decorado de la casa de comedias, pero también fue director y maestro de ceremonias de las representaciones;[11] y en el certamen *Estatua de la Paz* fue patrocinador, juez de la justa y autor de algunos poemas que se incluyen al margen de los ganadores, además de pagar el coste de la impresión de la obra y redactar la dedicatoria.

Por todo lo dicho resulta evidente que no existe ninguna certeza sobre la autoría, pero, ateniéndonos al argumento ya señalado de que el secretario del certamen solía ser el redactor de la relación, decidimos atribuírsela a José de Aguirre Villar; aunque decidimos no hacerlo patente en la portada de este libro tanto por respeto al hecho de que no firmara el escrito, como por la duda razonable de que pudiera no ser el autor.

En cuanto a la conservación del impreso, José Toribio Medina afirma que había ejemplares del certamen *Estatua de la Paz* en la Biblioteca Andrade y en la suya propia.[12] Y según WorldCat —el buscador de textos en los catálogos digitales de bibliotecas del mundo—, actualmente es posible tener acceso a la consulta de tres: uno en Estados Unidos, en la Biblioteca de la Universidad de Indiana; y dos en México: uno en la Biblioteca del Instituto Tecnológico y de Estudios

---

10. Con la llegada de las ideas ilustradas más adelante, de la mano de las Reformas Borbónicas, los valores que se esperaban de una buena obra literaria fueron cambiando, exigiéndose, más que la imitación, la sujeción al principio de autoridad, la humildad del autor y la importancia del tema y del objetivo de una obra; la libertad de expresión, el no tocar asuntos religiosos, la originalidad en las opiniones, entre otros, por lo que la importancia de determinar plenamente la autoría de una obra cobraba relevancia.

11. Martín Escobedo Delgado, *Tres hombres escriben el mundo...*, p. 163.

12. José Toribio Medina, *La imprenta en México (1539-1821)*, tomo IV (1718-1744), Ciudad de México, Universidad Nacional Autónoma de México, 1989, p. 179, ficha 2906.

Superiores de Monterrey (ITESM), Campus Monterrey, y el otro en la Biblioteca Nacional de México. Este último es el que sirvió de base para la presente edición.[13]

Hasta donde hemos podido indagar, sobre este certamen han escrito solo cuatro autores: Edna Contreras García, Martín Escobedo Delgado, Ana Mónica González Fasani y María del Carmen Fernández Galán Montemayor; todos, salvo la última, lo abordan de manera tangencial y refiriéndose a él de manera descriptiva en sus respectivos estudios dedicados a otros asuntos.[14] Fernández Galán es quien le presta mayor atención al dedicarle el capítulo titulado "Cómo se 'escribe' una estatua", en su traducción y estudio del obelisco zacatecano, y el artículo "Poesía hecha imagen en un certamen literario novohispano". En ellos aborda y discute brevemente muchos temas relacionados directa o indirectamente con el certamen, como el Barroco, la emblemática, la poesía visual, la imitación y la originalidad, la lealtad a la monarquía, las relaciones de sucesos y la écfrasis, el vejamen, la crítica y la sátira.[15]

Estructura y argumento de la relación del certamen

El origen de los certámenes literarios se remonta a la época clásica; su tradición revive en el medioevo, en Provenza, con la denominación de juegos florales; más adelante, se popularizan con el Renacimiento, en Italia, y en el Barroco, en España y sus territorios ultramarinos, donde surgen los círculos literarios llamados academias, dedicadas, en

---

13. Número de catalogación: RSM 1726 M4 AGU.

14. Véase Edna Contreras García, *Los certámenes literarios en México en la Época Colonial*, tesis de doctorado en Letras, Licenciatura en Letras hispánicas, Ciudad de México, Universidad Nacional Autónoma de México, 1949, p. 99; Martín Escobedo Delgado, *Tres hombres escriben el mundo...*, pp. 164-173; y Ana Mónica González Fasani, *op. cit.*, pp. 95-103.

15. María del Carmen Fernández Galán Montemayor, "Cómo se 'escribe' una estatua", en *Obelisco...*, pp. 45-73; y "Poesía hecha imagen en un certamen literario novohispano", en Beatriz Arias Álvarez, María Guadalupe Juárez Cabañas y Juan Nadal Palazón (coords.), *Mosaico de estudios coloniales (I Coloquio Internacional Lenguas y Culturas Coloniales 2008)*, Ciudad de México, Universidad Nacional Autónoma de México, 2013, pp. 407-418.

sus inicios, a celebrar festividades religiosas y, posteriormente, a temas muy variados.[16]

Como en su mayor parte la poesía novohispana estaba dirigida a "difundir dogmas y convicciones oficiales",[17] lo más común era que los certámenes literarios se celebraran para conmemorar circunstancias específicas que podían ser civiles (entradas de virreyes o arzobispos, nacimientos, bautizos, matrimonios, juras o exequias reales, triunfos militares o señalados acontecimientos históricos, entre otras) o religiosas (dedicación de templos, beatificaciones, canonizaciones, fiestas patronales, traslados de reliquias o santos, rogativas contra epidemias o catástrofes, o misterios religiosos como la Inmaculada Concepción o Corpus Christi).

Estas justas poéticas solían formar parte, por tanto, de la teatralidad que caracterizaba la fiesta barroca, cuya función, además de mostrar a la Corona la lealtad de sus súbditos, era legitimar el poder del catolicismo y de la monarquía hispánica y sus instituciones civiles y eclesiásticas. Por estar dirigida al gran público,[18] iba acompañada de diversos espectáculos, como mascaradas (desfiles con disfraces temáticos —bíblicos, mitológicos, alegóricos, etcétera—, a pie, a caballo o en carros alegóricos; y a lo grave o a lo *faceto*), artificios pirotécnicos, representaciones teatrales, corridas de toros, entre otros.[19]

En los certámenes participaban por lo general personas medianamente cultas, pues era preciso entender de retórica, poética, latín y tener conocimientos sobre las obras de autores sagrados y profanos; sin embargo, los concursantes podían tener habilidades literarias muy dispares, pues en una misma justa podían concurrir tanto poetas laureados como vates ocasionales o aficionados que anhelaban un efímero momento de fama.[20]

---

16. Irving A. Leonard, "Torneos de poetastros", en *La época barroca en el México colonial*, Ciudad de México, Fondo de Cultura Económica, 1986, p. 194; Edna Contreras García, *op. cit.*, p. 9; y Norma Hilda Islas Covarrubias, *La academia a lo divino: la relación del certamen de 1683 del Triunfo parténico de Don Carlos de Sigüenza y Góngora*, tesis de Licenciatura en Lengua y Literatura hispánicas, Ciudad de México, Universidad Nacional Autónoma de México, 2002, p. 2.

17. *Arco y certamen en la poesía mexicana colonial (siglo XVII)*, edición y prólogo de José Pascual Buxó, Veracruz, Universidad Veracruzana, 1978, p. 21.

18. Norma Hilda Islas Covarrubias, *op. cit.*, p. 46.

19. *Ibid.*, pp. 2-14 y p. 45.

20. Irving A. Leonard, *op. cit.*, p. 193.

Se tiene conocimiento de la celebración de estos eventos gracias a sus relaciones: algunas impresas debido a la generosidad de un mecenas y otras que quedaron manuscritas. En ambos casos, solo se daban a conocer los poemas galardonados, dejando en el olvido los del resto de los participantes, que eran la mayoría.[21] Además, se trataba de tirajes pequeños para ser distribuidos entre los interesados directos,[22] por lo que su impacto y difusión era muy limitado, al igual que la gloria de muchos de los desconocidos poetas antologados.

En la Nueva España se llevaron a cabo una gran cantidad de certámenes, convocados en su mayor parte por corporaciones como la Real Audiencia, la universidad, los colegios y las órdenes religiosas; o por gremios, como el de los plateros;[23] o, en casos excepcionales, como lo es *Estatua de la Paz*, por opulentos mecenas ansiosos de asegurarse un lugar en la historia por sus expresiones de lealtad a la monarquía.

Cabe advertir que para algunos críticos la poesía de certamen no tiene ningún valor literario, como para José Joaquín Blanco, quien, pese a que admite que entre ella sobresalen a veces algunos "textos memorables", la califica de "basura".[24] Quien esto escribe, por el contrario, no comparte tal opinión, sino que parte de la convicción de que para valorar esas piezas poéticas hay que restituirlas a su peculiar contexto histórico, pues si los poemas de certamen o de circunstancia pudieran parecer calcados unos de otros por las limitaciones exigidas en las propias reglas de la justa, era el ingenio y la habilidad literaria de cada autor lo que les imprimía su particular impronta. Además, entre otros asuntos de capital interés, los certámenes ofrecen a los investigadores de hoy un invaluable panorama sobre los círculos literarios, las relaciones de los poetas con los grupos de poder, las poéticas en uso, las fuentes, influencias e intertextualidades, el manejo del lenguaje y los primeros esbozos de una incipiente crítica literaria.

---

21. *Ibid.*, p. 48.

22. Rubén D. Medina, *Empressa métrica descifrada en nvmeros y alegorizada en symbolos. Un certamen poético de la Nueva España*, Ciudad de México/Acatlán, Universidad Nacional Autónoma de México/FES, 2011, p. 11.

23. Varios autores han intentado hacer un recuento de los certámenes literarios convocados durante todo el período virreinal, aunque todavía no es exhaustivo: José Pascual Buxó, *op. cit.*, p. 29, nota 33; Edna Contreras García, *op. cit.*, capítulos 2-5, pp. 21-100; y Norma Hilda Islas Covarrubias, *op. cit.*, pp. 50-52.

24. José Joaquín Blanco, *Literatura en la Nueva España/2. Esplendores y miserias de los criollos*, Ciudad de México, Cal y Arena, 1995, p. 19.

A partir de la comparación de varias relaciones de certámenes, Irving A. Leonard y José Pascual Buxó[25] describen el ceremonial que las enmarca: el desfile que convocaba a los poetas a la justa, la fijación del cartel con las reglas y pormenores de la competencia, la recepción de las producciones que participarían en el concurso, la deliberación de los jueces, los entretenimientos concomitantes, la ceremonia de premiación, etcétera; así como las funciones que cumplían los organizadores del evento: el mayordomo, que hacía las veces de mecenas o patrocinador; el bastonero, que portaba el cartel, que daba "el pregón del torneo" y "convocaba a los poetas a la palestra";[26] y los jueces, por lo regular personajes importantes de la sociedad novohispana que se encargaban de evaluar los poemas y seleccionar a los ganadores.

Ambos coinciden en que el papel más importante era el del secretario, ya que no solo era quien proponía el tema general y los subtemas de la justa y establecía el tipo de estrofas y metros de los poemas que se solicitaban, sino que organizaba las diversiones que la acompañaban y fungía como maestro de ceremonias en la premiación, durante la cual, además de anunciar y leer los poemas ganadores y entregar los trofeos[27] a sus autores, les dedicaba un vejamen,[28] por lo que "debía poseer dotes de elegante retórica e ingenio comedido, además de talento administrativo".[29]

---

25. Irving A. Leonard, *op. cit.*, pp. 196 y ss. y José Pascual Buxó, *op. cit.*, pp. 29-36.

26. Irving A. Leonard, *op. cit.*, p. 197.

27. Irving A. Leonard enlista ejemplos de los posibles premios: "charolas, floreros, fuentes, bandejas, tazas y cucharas de plata labrada, cajas de rapé adornadas de piedras preciosas y tabaqueras, guantes perfumados, y piezas de seda selecta, de raso, terciopelo y otros exquisitos textiles en colores brillantes". *Ibid.*, p. 206.

28. Discurso o composición poética de índole burlesca que se pronunciaba o leía en las universidades y academias con motivo de la obtención de algún grado o un certamen literario; en él, se ponen de manifiesto los defectos físicos, morales, de la profesión o literarios de quienes tomaban parte en esos eventos, "aunque había cierto convenio tácito de no exceder cierta mesura en dichas manifestaciones satíricas, mesura más teórica que práctica, ya que en algunas ocasiones la burla llegaba al agravio". Edna Contreras García, *op. cit.*, pp. 9-11. Irving A. Leonard los describe así: "bromas más o menos fuertes que frecuentemente expresaban jocosamente lo que los envidiosos decían de sus particulares rivales. Las rarezas en el aspecto, en las maneras y en la conducta de los otros contendientes se caracterizaba en anécdotas apócrifas y retratos orales muy bien calculados para no dejar de herir el amor propio de su objeto", *op. cit.*, p. 208.

29. *Ibid.*, p. 197. Según Rubén D. Medina, un secretario: "convocaba a la lid, reunía las participaciones, conformaba el jurado, organizaba la ceremonia de premiación y publicaba los trabajos con campanudas introducciones. Solo este último aspecto, la

Teniendo estas descripciones como referente, podría decirse que el certamen *Estatua de la Paz* se apegó al ceremonial de otros eventos semejantes, y que su relación, cuya autoría atribuimos aquí al secretario José de Aguirre Villar, repite, aunque no esté así explicitada, la estructura de otros textos parecidos, como puede constatarse a continuación:

- **Título.** El de la relación del certamen y el de la écfrasis del obelisco.[30]
- **[Dedicatoria].** Firmada el 31 de julio de 1727 por "El conde de Santiago de la Laguna", quien, como ya se dijo, suponemos que es el patrocinador de la impresión de la obra: José de Rivera Bernárdez, como señala la portada, quien ofrece ambas obras a Felipe V como muestra de lealtad, con el objetivo de que las festividades dedicadas a Luis I, patrocinadas por él y por don José de Urquiola, y celebradas en 1722 y 1724, no quedaran en el olvido. Como resulta evidente por las fechas de las licencias para la impresión del texto, esta dedicatoria fue escrita *después* de que estas fueron otorgadas.
- **Licencias.** La del superior gobierno, firmada el 24 de mayo por el virrey don Juan de Acuña y Bejarano, marqués de Casa Fuerte;[31] y la del ordinario, firmada el 26 del mismo mes por don Matías Navarro, abogado de la Real Audiencia.[32] Resulta significativo que, a diferencia de lo que se acostumbraba hacer en la época, estas licencias no están precedidas por sus correspondientes censuras o pareceres, los cuales se supone debieron existir a pesar de que no fueron incluidos en el impreso. El parecer que dio pie a la licencia de impresión del superior gobierno estaba firmado por el

publicación, representaba una tarea formidable, pues era necesario recabar los recursos y dar seguimiento a la construcción tipográfica con los rudimentarios recursos de entonces", *op. cit.*, p. 28.

30. Ya comentamos que excluimos de esta edición el apéndice dedicado a la écfrasis latina del obelisco zacatecano por haber sido editado de manera independiente por María del Carmen Fernández Galán.

31. 1658-1734. Fue virrey de la Nueva España entre 1722 y 1734.

32. Matías Navarro y Tezanos. Además de los cargos que se enlistan en el texto de la licencia, fungió como mecenas de la publicación de varias tesis de grado de la Real y Pontificia Universidad de México. *Grados de licenciados, maestros, y doctores en artes, leyes, teología y todas facultades de la Real y Pontificia Universidad de México*, vol. 8, Ciudad de México, Universidad Nacional Autónoma de México, pp. 91 y 235.

mercedario fray Juan Antonio Segura,[33] y el otro por el doctor don Juan Ignacio Castorena y Ursúa.[34] No es posible saber las fechas en que fueron redactados.

- **Prólogo.** Escrito en 1722 probablemente por el secretario del certamen, aunque no está firmado. En verso. En algunos pasajes es humorístico. Con la convencional falsa modestia barroca, el prologuista se cura en salud de las posibles críticas por su supuesta falta de habilidad literaria, comparada con la que da por hecho en los poetas zacatecanos que participaron en la justa; reseña los temas que se proponen: la lealtad debida al rey Felipe V y la celebración de las bodas del príncipe Luis; reconoce la fidelidad y generosidad de los patrocinadores de los festejos: don José de Urquiola y don José de Rivera Bernárdez; describe las diversiones que acompañaron el evento y apunta la fecha en la que mediante un

33. Según José Mariano Beristáin, fray Juan Antonio de Segura Troncoso, mercedario, era natural de México. Fue rector del Colegio de San Pedro Pascual, comendador del Convento Grande de México, visitador y provincial de la Provincia de la Visitación de la Nueva España y calificador de la Inquisición. "Fue gran escolástico, muy versado en la lectura de los Santos Padres, orador y poeta muy acreditado, y estableció en México una Academia de Poesía, de que era presidente". Entre sus obras, tanto impresas como manuscritas, se encuentran sermones, apologías y poesías varias. José Mariano Beristáin de Souza, *Biblioteca hispanoamericana septentrional*, 2 vols., 2ª ed., ed. de Fortino Hipólito Vera, Amecameca, Tipografía del Colegio Católico, 1883. Martha Lilia Tenorio Trillo aclara que la academia literaria a la que se refiere Beristáin "se conoció con el nombre de Guadalupana". *Poesía novohispana. Antología, tomo 2*, Ciudad de México, El Colegio de México/Fundación para las Letras Mexicanas, 2010, pp. 945-946. Además, la misma autora propone los años de su nacimiento y muerte (1680-1741) en las páginas 236-237 de su artículo "La poesía novohispana a principios del siglo XVIII: el manuscrito *Poemas varios* de fray Antonio de Segura", *Criticón: La literatura española en el tiempo de los novatores (1675-1726)*, (2008), pp. 233-247. Consultado en Centro Virtual Cervantes <https:// cvc.cervantes.es/literatura/criticon/PDF/103-104/103-104_233.pdf>. Véase también José Toribio Medina, *op. cit.*, p. 23, ficha 2544, donde el bibliógrafo transcribe la información de Beristáin, en *ibid.*, p. 477, ficha 3527. Allí informa sobre los pormenores de su muerte y enlista algunas de sus virtudes. Es muy probable que este mismo personaje sea quien participó y recibió un galardón en el certamen literario que para el mismo tema de la jura de Luis I convocó en 1724 la Real y Pontificia Universidad de México. También ganaría un premio en el certamen *Segundo quince de enero…* dedicado a la canonización de Juan de la Cruz. Véase Edna Contreras García, *op. cit.*, pp. 73 y 86.

34. Dr. Juan Ignacio María de Castorena Ursúa y Goyeneche (1668-1733). Oriundo de Zacatecas, ejerció diferentes cargos eclesiásticos y es considerado el padre del periodismo en Hispanoamérica por haber editado la primera *Gaceta de México*. Fue también el editor de la obra *Fama y obras póstumas del Fénix de México* (1700) de sor Juana Inés de la Cruz.

desfile ecuestre se dio a conocer la convocatoria (julio de 1722), el plazo para entregar los versos en la casa del conde de Santiago de la Laguna —en ese entonces José de Urquiola— o en la de él mismo (28 de agosto), y el día en el que se darían a conocer los ganadores y se llevaría a cabo la ceremonia de premiación (27 de septiembre); asimismo, informa sobre los detalles y circunstancias del concurso literario transcribiendo lo que decía el cartel:

o **Cartel.** El tema del certamen es la paz, debido a que las uniones del príncipe Luis de España y la duquesa Luisa Isabel de Orleans, y de la infanta española con el rey de Francia[35] auguraban la paz entre estos dos reinos. Por ello, el título del certamen propone una analogía entre el templo construido en el monte Palatino por Tito y Vespasiano[36] con la estrategia política de Felipe V de asegurar la paz con Francia mediante la concertación de estos vínculos matrimoniales.

35. Las segundas nupcias que celebra este libro nunca se llevaron a cabo. Se trata de las del rey de Francia Luis XV (1710-1774) con María Ana (o Mariana) Victoria de Borbón y Farnesio (1718-1781), hija mayor de Felipe V e Isabel de Farnesio. Ella fue prometida a Luis XV desde los cinco años de edad y enviada a educarse a la corte de Francia para prepararla para dicho acontecimiento, pero en 1725 se le regresó a su padre sin concretarse el matrimonio. En 1729 se casó con José I de Portugal. El título del certamen confunde el nombre de la novia (María Ana Victoria de Borbón) con el de la primera esposa de Felipe V: María Luisa Gabriela de Saboya (1688-1714). Las cédulas en las que se anuncian estos matrimonios dicen lo siguiente: El "7 de diciembre de 1721 [...] es la resolución notificando los conciertos matrimoniales del príncipe heredero Luis con la Princesa de Orleáns y también el de la Infanta española María Ana Victoria con el rey de Francia. En 3 de febrero de 1722 [...] se da cuenta de la boda del príncipe y futuro rey celebrada en Lerma el 20 de enero". *Cedulario americano del siglo XVIII. Colección de disposiciones legales indianas desde 1680 a 1800, contenidas en los Cedularios del Archivo General de Indias, tomo II, Cédulas de Felipe V (1700-1724)*, edición, estudio y comentarios por Antonio Muro Orejón, Sevilla, Universidad de Sevilla, 1969, p. XIII. Las cédulas, en las pp. 612-613 y 617-618.

36. El monte Palatino es la más céntrica de las colinas de Roma. Allí se encontraba una de las partes más antiguas de la ciudad. Se ubica entre el Foro Romano y el Circo Máximo. Se suponía que en él se hallaba la cueva Lupercal, hogar de la loba Luperca que amamantó a Rómulo y Remo. El Templo de la Paz fue uno de los foros imperiales en Roma, estaba dedicado a la *Pax romana*, es decir, a la paz impuesta por el emperador. Por haber sido construido por Tito Flavio Vespasiano (9-79) se le denomina también Foro de Vespasiano. Fue inaugurado en el año 75 para conmemorar la victoria en la guerra judeo-romana que culminó con la conquista de Jerusalén. Vespasiano, fundador de la dinastía Flavia, fue emperador entre los años 69 y 79, y fue sucedido por sus hijos Tito y Domiciano. Tito Flavio Sabino Vespasiano (39-81), conocido como Tito, fue emperador entre el año 79 y el 81, en que murió.

- Asunto I. Tema: El caduceo de Mercurio[37] representa la paz, y Felipe V, haciendo uso de su prudencia, alegóricamente "el mejor caduceo", previno los enlaces que prometían la paz. Estructura del poema solicitado: cuatro dísticos acrósticos, vueltos en romance en cuatro redondillas.[38] El acróstico: *PHILIPUS V. REX VIVE.*

- Asunto II. Tema: El hacha[39] encendida que porta el dios Himeneo[40] es símbolo del amor y, a su vez, este representa la paz, de modo que las bodas son anuncios de paz. Estructura del poema solicitado: un centón[41] con "seis o más versos de Virgilio" explicados con octavas castellanas.

- Asunto III. Tema: Parabienes por las bodas que auguran la paz. Estructura del poema solicitado: un laberinto[42] acróstico de asonante libre en tres partes que se conforme de seis coplas (se propone un ejemplo). El acróstico: *VIVAN DON LUIS PRÍNCIPE DE ASTURIAS Y DOÑA MARÍA VICTORIA, REINA DE FRANCIA, MUCHOS AÑOS.*

37. Vara delgada, lisa y cilíndrica, rodeada de dos culebras, atributo de Mercurio. *DRAE*, *s.v.* "Caduceo". Simbolizaba la paz porque el mito relata que cuando Mercurio, llevando una vara en la mano, se dirigía a Arcadia, encontró a dos serpientes entrelazadas que peleaban y dirimió el problema interponiendo la vara más rápido que su palabra.

38. En la poesía griega y latina, el dístico es una composición que consta de dos versos, por lo común un hexámetro seguido de un pentámetro. *DRAE*, *s.v.* "Dístico". Versos cuyas letras iniciales, medias o finales forman un vocablo o una frase. *DRAE*, *s.v.* "Acróstico". Estancia de cuatro versos octosílabos en que conciertan los consonantes, primero y cuarto, tercero y segundo, y alguna vez alternados. *Aut.*, *s.v.* "Redondilla".

39. Vela de cera grande y gruesa con forma de prisma, formada por cuatro velas largas juntas y con cuatro pabilos. *DRAE*, *s.v.* "Hacha".

40. En la mitología griega, dios de las ceremonias del matrimonio. Se le representa como un hombre joven con una guirnalda de flores sosteniendo una antorcha encendida.

41. Obra literaria compuesta por fragmentos de otras obras. *Aut.*, *s.v.* "Centón". Los fragmentos se acomodan de tal manera que, juntos, tengan un sentido diferente al del original.

42. Poema con versos o dicciones, acomodados de tal forma que se puedan leer de varios modos, pero siempre con consonancia, sentencia y sentido. *Aut.*, *s.v.* "Laberinto". Pueden formar distintas figuras a criterio de quien los compone. Véase Juan Díaz Rengifo, *Arte poética española con una fertilísima silva de consonantes comunes, propios, esdrújulos y reflejos, y un divino estímulo del amor de Dios.* Tuvo muchas ediciones. Una, de 1606, se puede consultar en: <https://books.google.com.mx/books?id=SqIxQ_YLNjMC&printsec=frontcover&dq=rengifo&hl=es&sa=X&ved=0ahUKEwjLrMCmgoLLAhVP0WMKHUMjCREQ6AEIGjAA#v=onepage&q=rengifo&f=false>.

- Asunto IV. Tema: El laurel es símbolo de paz, pero mientras que el de Apolo representa la esquivez de Dafne, el del príncipe Luis simboliza el amor de su esposa. Los poemas debían explicar la diferencia entre ambos laureles. Estructura del poema solicitado: glosa de una quintilla propuesta.
  - Asunto V. Tema: Lo que motiva a Felipe V a favorecer los enlaces es la promesa de paz para su reino, de modo que es preciso encomiar esa intención. Estructura del poema solicitado: seis quintillas retrógradas[43] en tres partes (se propone ejemplo).
  - Asunto VI. Tema: Así como los *titanes* quedaron burlados en su intento de destronar a Júpiter, quienes habían querido perturbar el reinado de Felipe V debían ser escarnecidos. Estructura del poema solicitado: un vejamen en romance asonante "que no pase de doce coplas con paronomasias".[44]

o **Leyes.** Se menciona la forma en que deben ser enviados los poemas, el plazo y lugar al que deberían enviarlos.

o **Jueces de la justa.** Juan Hurtado de Mendoza, tesorero de la Santa Cruzada y alcalde ordinario; los organizadores y mecenas: José de Urquiola y José de Rivera Bernárdez. El fiscal don Diego García de Argüelles[45] y el secretario, el bachiller don José de Aguirre Villar.

- **[Continúa y finaliza el prólogo].**
- **Introducción que hace el secretario del certamen.** El resto del texto está incluido bajo este subtítulo, aunque se puede dividir en varios apartados:

---

43. Los versos retrógrados son los que se pueden leer de arriba abajo o de izquierda a derecha y viceversa.

44. Figura retórica que con ligera variación de una letra se da a la voz otro significado. *Aut.*, *s.v.* "Paronomasia".

45. El capitán Diego García de Argüelles fue "apoderado del común de la minaría de la ciudad de Zacatecas y de los vecinos mercaderes y demás comerciantes". *Historia general de Real Hacienda escrita por don Fabián de Fonseca y Don Carlos de Urrutia, por orden del virrey, conde de Revillagigedo, obra hasta ahora inédita y que se imprime con permiso del Superior Gobierno, Tomo I*, LXI, Ciudad de México, Impresa por Vicente G. Torres, Calle del Espíritu Santo núm. 2, 1845, p. 28. Recuperado de: <https://books.google.com.mx/books?id=2DxKAAAAMAAJ&pg=PA28&dq=%22Diego-+Garc%C3%ADa+de+Argüelles%22&hl=es-419&sa=X&ved=0ahUKEwi2zv-C7sXWAhXJMyYKHUQEAo4Q6AEIJjAA#v=onepage&q=%22Diego%20Garc%C3%ADa%20de%20Argüelles%22&f=false>

o **[Preámbulo]**. El secretario reflexiona sobre su papel en el certamen y, con falsa modestia, considera sus capacidades y sus conocimientos inferiores a los de otros que en sus mismas circunstancias pudieron haber desempeñado mejor dicha función, y muy por debajo del nivel requerido para sacar adelante con éxito el compromiso adquirido.

o **[Relato de la experiencia onírica y/o visionaria]**. Preocupado por la magnitud de su tarea, busca iluminación en los libros y confía en que el resultado valga, más que por sus esfuerzos literarios, por los méritos del destinatario (Felipe V) y de los patrocinadores (don José de Urquiola y don José de Rivera Bernárdez), a quienes suplica protección. Sentado en su escritorio con la pluma en mano y falto de inspiración, se le aparece el dios Morfeo, reclamándole no solo su incapacidad para llevar a buen fin su cometido, sino por pretender desviarse de la tradición que establece que en este tipo de asuntos debe recurrirse a la experiencia onírica. El secretario se niega a seguir esa práctica por considerarse incapaz de imitar a quienes han hecho uso de ella, por lo que discute con su visitante y ambos defienden su postura apoyando sus opiniones con pasajes de diferentes autores. Al convencerse de la intransigencia del secretario, Morfeo convoca a un cónclave de dioses que acuerdan castigarlo por su atrevimiento, condenándolo a lidiar con tontos y presumidos como él; pero Apolo, apiadado del aprendiz de literato, logra que le conmuten la pena, por lo que lo sentencian a que no pueda hacer ni entender nunca más de versos. Para el dios protector de la poesía este escarmiento es también injusto, no para el inculpado, sino para los homenajeados en el certamen, por lo que convence a los demás dioses de entregar al secretario a Circe para que lo asista con su magia y pueda cumplir con su tarea sin torpezas. La maga lo hechiza y lo transporta al monte Palatino, donde se encuentra el Templo de la Paz y, apoyándose en fuentes sagradas y profanas,[46] va explicándole los argumentos del certamen mientras desglosa la analogía entre el templo romano

---

46. Ante el cuestionamiento del secretario de porqué una hechicera pagana recurre para defender sus argumentos a "autoridades de santos padres" siendo cosa ajena a ella y a su "profesión", Circe le responde que, si su poder es capaz de hacer "de una hormiga un monte y de un monte un sartén" o de hechizar a alguien para transportarlo

y los símbolos que se proponen como representantes de la paz —caduceo, hacha y laurel— con los enlaces concertados por el monarca español. A continuación, transporta a su protegido al monte Parnaso,[47] donde se llevaría a cabo la premiación con la asistencia de las musas, que le son presentadas al secretario por Apolo para que lo auxilien en su empresa. Estando allí, Circe le advierte que se encontrará con los concursantes de la justa: "de modo que no los ha de conocer", pues los ha convertido en animales y los tiene cautivos en una cueva. Entretanto, los poetas maledicentes, convertidos en ratones, habían "roído" el cartel, cuestionando si este era más que un certamen, un examen, por lo que el secretario se ve obligado a explicar, apoyándose en diversas fuentes, que todo certamen es, en efecto, un examen.

o **[Premiación de los ganadores y vejamen].** El secretario dirige unos versos a los concursantes en los que recuerda los asuntos previstos en el cartel. En eso está cuando cae de la nada un papel en el que se critican unos versos latinos escritos para la ocasión por dos de los jueces de la justa: don José de Rivera Bernárdez y Juan Núñez Hurtado de Mendoza (se incluyen en la relación),[48] a los que las musas y el secretario defienden. Este se ve obligado a responder otros cuestionamientos sobre las reglas y circunstancias del certamen, admitiendo sus errores, pero señalando la mala intención de las críticas. Acto seguido, da inicio la premiación: Circe va convocando uno a uno a los animales ganadores de los cuatro primeros lugares de cada asunto, el secretario devela su identidad, lee el poema triunfador y hace escarnio de su autor, mientras que las musas determinan su premio.

al monte Palatino, es también capaz de salirse de sí misma y transformarse en "teóloga y escrituraria".

47. Esta parte de la relación del certamen recuerda el famoso *Viaje al Parnaso* de Cervantes publicado en 1614 (inspirado en el *Viaggio di Parnasso* [1582] de Cesare Caporali), que describe la onírica travesía fantástica del propio Cervantes y otros de los mejores poetas españoles hasta el lugar asiento de las musas, para enfrentarse con los malos poetas o poetastros. Probablemente esta alusión sea una velada sátira de los poetas ganadores del certamen *Estatua de la Paz* descalificándolos como verdaderos vates.

48. Al parecer, Rivera Bernárdez no quiso perder la oportunidad de mostrar también sus dotes literarias, porque, aunque no podía ser juez y parte del certamen, la relación incluye, antes de mencionar a los cuatro ganadores, un poema que escribió siguiendo el tema y las reglas del Asunto VI.

o **[Fin del vejamen y del sueño y/o visión]**. Concluido el acto anterior todo se estremece con el estruendo producido por la discusión entre Morfeo y Apolo: este queriendo que el secretario sea liberado del castigo que purga y aquel insistiendo en continuarlo. De pronto todo desaparece y el secretario se encuentra de nuevo en su cuarto como si nada hubiera sucedido, quedándose con la duda de si todo fue una visión o un sueño, pues continuaba con la pluma en la mano sin haber escrito nada.

LOS POETAS GANADORES

La relación del certamen *Estatua de la Paz* no registra el dato de cuántos poetas participaron en la justa. Dado que había cuatro premios por cada asunto y se propusieron seis, en teoría pudo haber veinticuatro ganadores; sin embargo, no resultó así, ya que cada participante podía contender en varias categorías. De modo que en total solo fueron diecisiete los triunfadores, pues siete competidores obtuvieron dos premios.

Localizamos muy poca información sobre los personajes galardonados. Muchos de ellos, por tener nombres tan comunes en la época, tienen homónimos, lo que hace difícil identificarlos cabalmente. Al parecer, se trataba de comerciantes, mineros, funcionarios públicos o eclesiásticos y frailes de las diferentes congregaciones religiosas de la ciudad de Zacatecas o sus alrededores, que por lo general tenían poca o nula experiencia literaria. A pesar de ello se sabe que varios eran asiduos participantes en eventos de este tipo, pues por lo menos el secretario, José de Aguirre Villar, Joaquín Balderas,[49] Basilio Gómez y Cayetano de la Plata habían contendido y salido premiados en el certamen *Piscina zacatecana*, convocado en 1718 para celebrar la dedicación de la reedificación del templo de San Juan de Dios.[50]

---

49. Encontramos un bachiller y presbítero don Joaquín Ruiz de Balderas, en el Zacatecas del siglo XVIII, pero es imposible saber si se trata de la misma persona. Thomas Hillerkuss y José Arturo Burciaga Campos, *Diligencias testamentarias del Capitán Don Juan de Infante, administrador del Santo Oficio en Zacatecas, siglo XVIII*, Zacatecas, Universidad Autónoma de Zacatecas, 2006, p. 222. Joaquín Valderas o Balderas obtuvo el segundo premio en el segundo asunto en el certamen *Piscina zacatecana*. Ana Mónica González Fasani, *op. cit.*, pp. 101-102.

50. *Loc. cit.* Cayetano de la Plata obtuvo dos premios en ese certamen.

En cuatro casos, ya fuera por modestia o por algún tipo de inconveniente —como vivir lejos de la ciudad de Zacatecas, donde se llevó a cabo el certamen—, los poetas enviaron sus producciones o recogieron su premio a través de "apoderados". En tales circunstancias se encuentran don Matías de Argüelles,[51] quien participó en el certamen a nombre de alguien más que prefirió ocultar su identidad; don Manuel Calera, apoderado de fray Juan de Zarazúa;[52] don Andrés de Reina Narváez, apoderado del bachiller don Manuel de la Puente; y don Tomás de Herize, apoderado del también bachiller Nicolás Muñiz de Huerta. Dependiendo del caso, era el apoderado o el poeta el que recogía su trofeo y sufría el vejamen del secretario.

Los ganadores fueron los siguientes (anotamos junto al nombre los datos que son mencionados en el propio texto, así como el lugar que obtuvieron y el premio otorgado):

N°	Nombre	Información	Lugar y categoría	Premio
1	Lic. Pedro José de Mimbela	Abogado de las Reales Audiencias, vicario *in capite* y juez eclesiástico de la ciudad de Zacatecas	Asunto I, 1er Premio	Anillo de diamantes
			Asunto VI, 2° premio	Sotana de capichola[53]
2	Don Matías de Argüelles (apoderado de un personaje anónimo)		Asunto I, 2° premio	Cinco bolitas[54] de plata

51. Un homónimo era alcalde de la Real Audiencia de Guadalajara en 1810-1811, pero por las fechas es difícil que se trate de la misma persona. En la *Descripción breve de la muy noble y leal ciudad de Zacatecas*, José de Rivera Bernárdez menciona a un Diego de Argüelles y a su sobrino Matías, de quienes cuenta una anécdota milagrosa. Estudio preliminar y edición de Carmen Fernández Galán Montemayor, Madrid/Frankfurt, Iberoamericana/Vervuert, 2018, p. 134.

52. Franciscano, de la provincia de Zacatecas. Rafael Cervantes, *Fray Simón del Hierro, 1700-1775, y el norte de México: presentación historiográfica del Colegio Apostólico de Guadalupe*, Ciudad de México, Universidad Nacional Autónoma de México, 1986, p. 64.

53. Tejido de seda que forma un cordoncillo a manera de burato. *DRAE, s.v.* "Capichola".

54. Bolitas, bollos o manzanas de plata, eran pedazos "de las barras de la plata que se extraía de las minas y se depuraban por fundición". Ana Mónica González Fasani, *op. cit.*, p. 103, nota 16.

3	Fray Juan de Zarazúa Don Manuel Calera (apoderado)		Asunto I, 3° premio	Cucharas y tenedores de plata
			Asunto V, 4° premio	Un par de láminas de plata
4	Br. Don Joaquín Balderas		Asunto I, 4° premio	Corte de sotana de capichola
			Asunto II, 3° premio	Cinco bollos de plata
5	Fray Ventura Franco	Superior en el convento de San Agustín de Zacatecas	Asunto II, 1er premio	Relicario de oro
6	Fray Antonio González	¿Prior del convento de San Agustín?[55]	Asunto II, 2° premio	Cigarrera y caja de polvos de plata
7	Don Antonio Torres	"de Guanajuato" ¿escribano, amanuense?	Asunto II, 4° premio	Dos pares de medias de Sevilla y calcetas
8	Fray Juan de Argola	Comendador del Convento de Nuestra Señora de la Merced Redención de Cautivos	Asunto III, 1er premio	Un cintillo[56] con diamantes, esmeraldas y rubíes
9	Don Basilio Gómez	"azoguero"[57]	Asunto III, 2° premio	Cinco bollos de plata
			Asunto V, 1° premio	Anillo con esmeralda
10	Baltasar de Medrano		Asunto III, 3er premio	Docena de cucharas de plata

55. En la *Descripción breve…*, José de Rivera Bernárdez menciona a un fray Antonio González como prior del Convento de San Agustín de Zacatecas, hermano del "padre maestro Juan González, actual provincial de esta provincia de nuestro padre San Agustín", Carmen Fernández Galán Montemayor, *op. cit.*, p. 135.

56. Sortija pequeña de oro o plata, guarnecida de piedras preciosas. *DRAE, s.v.* "Cintillo".

57. Amalgamador, jefe que dirige las operaciones de la amalgamación. *DRAE, s.v.* "Azoguero".

11	Don Juan Ignacio de Larrañaga[58]	Minero	Asunto III, 4º premio	Cinco bollos de plata
			Asunto IV, 2º premio	Chupa[59] de brocado verde
12	Fray Francisco Javier de Aguirre	Agustino, hermano mayor del secretario	Asunto IV, 1er premio	Anillo de diamantes
13	Patrón Francisco Gallardo y Mata	¿Platero?	Asunto IV, 3º premio	Par de platos de plata
			Asunto VI, 4º premio	Cinco bollos de plata
14	Br. Don Manuel de la Puente Don Andrés de Reina Narváez (apoderado)	"Vecino de los Asientos"[60]	Asunto IV, 4º premio	Corte de chupa
15	Don Cayetano de la Plata	Secretario del certamen que se celebró al debido ascenso del señor conde de la Laguna[61]	Asunto V, 2º premio	Bollos de plata
			Asunto VI, 3º premio	Caja de polvos y cigarrera
16	Br. Bachiller Nicolás Muñiz de Huerta Don Tomás de Herize (apoderado)		Asunto V, 3º premio	Jarro de plata
17	Fray José de Navarrete	Dominico, padre lector	Asunto VI, 1er premio	Anillo con rubí

58. Probablemente sea un miembro de la familia Larrañaga, de la que procedían los controvertidos poetas latinos y castellanos Bruno Francisco y José Rafael, a quienes hemos estudiado en *Orígenes de la crítica literaria en México. La polémica Alzate-Larrañaga*, Zamora/Zacatecas, El Colegio de Michoacán/Universidad Autónoma de Zacatecas, 2001 y 2009; y en *La obra poética de dos autores novohispanos menospreciados por la crítica: Bruno Francisco y José Rafael Larrañaga (1775-1809)*, Ciudad de México, Factoría Ediciones, (La serpiente emplumada, 43), en prensa. Otro miembro de esa familia, también literato y sobrino de los anteriores, fue José Ignacio Larrañaga, del que se anota en la *Biblioteca hispanoamericana septentrional* de José Mariano Beristáin: "Natural del Fresnillo en la provincia de Zacatecas, sobrino de los anteriores [Bruno Francisco y José Rafael], presbítero, doctor teólogo, colegial de oposición y catedrático de teología en el real y más antiguo de San Ildefonso de México. Dio a luz 'Elogio de Nuestra Señora de Guadalupe', pronunciado en la fiesta principal de su Real Colegiata el año de 1794. Imp. en México, 1796. 4". *Op. cit.*

59. Prenda de vestir masculina que cubría el tronco, con faldillas de cintura para abajo y mangas ajustadas, que se llevaba generalmente debajo de la casaca. *DRAE, s.v.* "Chupa".

60. Real de Asientos. Comunidad al sureste de Zacatecas, en el actual estado de Aguascalientes.

61. No encontramos ninguna información sobre este certamen.

En cuanto a los poemas galardonados, el lector tendrá ocasión de valorarlos por sí mismo. Solo cabe recordar lo que ya se dijo: que lo común es que fueran muy similares. Los hay de diversas calidades y, en muchos casos, como se le ha criticado a este tipo de versos, prevalece la forma sobre el sentido, pues las necesidades propias de la estructura poética solicitada hacen que importe menos el significado de las palabras que las rimas, la métrica, los ecos, los acrósticos o las paronomasias; esto a pesar de que los poemas hacen gala además de malabarismos ingeniosos para adaptarse a las alegorías y condiciones que establece el tema de cada asunto.

Por otro lado, coincidimos con Carmen Fernández Galán en que las poesías ganadoras tienen una estrecha relación con la emblemática y la poesía visual, no solo por los acrósticos, laberintos y estructuras retrógradas que proponen diferentes lecturas tanto a nivel significativo como tipográfico, sino porque los asuntos y leyes de la propia justa así parecen sugerirlo al plantear imágenes-símbolo como el caduceo de Mercurio, el hacha de Himeneo y el laurel de Apolo como tema y motivo de los poemas como si fueran el cuerpo o *figuratio*; su significación alegórica —paz, amor y esquivez— a la manera de un lema o mote, y los versos serían la glosa de los otros dos elementos, componiendo, en conjunto, una singular especie de emblema *triplex* verbal.

Para la elaboración de los poemas premiados, sus autores parecen haberse basado en uno de los manuales más socorridos en la época, presente en todas las bibliotecas de México con fondos virreinales: el llamado *Rengifo*,[62] que tuvo muchas ediciones y añadidos posteriores, y cuya última impresión fue en 1759 con los añadidos de Vicens.

En la relación del certamen se menciona una gran cantidad de autores y a otros se les cita:[63] Alciato, Aristóteles, Baptista El Mantuano, Baquílides, Boecio, Casio, Casiodoro, Catón, Celio, Celio Rodiginio, Cicerón, Claudio, Claudiano, Cornelio, Crisipio, Dionisio, Enrico Farnesio, Estrabón, Fernando de la Torre Farfán, Filón, Galardi, Góngora, Horacio, Hugo Cardenal, Jerónimo Amalteo, Justo Lipsio,

---

62. Obra escrita por el jesuita Diego García Rengifo, pero publicada en Salamanca en 1592 con el nombre de su hermano Juan, titulada *Arte poética española con una fertilísima silva de consonantes comunes, propios, esdrújulos y reflejos, y un divino estímulo del amor de Dios*.

63. Cuando fue posible localizar al autor y el pasaje citado, se señala en las notas de la versión del certamen que aquí se edita.

Marcial, Nebrija, Oven, Ovidio, Petrus Ferdinandus, Piero Valeriano, Píndaro, Plinio, Plutarco, Polidoro Virgilio, Jacinto Polo, Propercio, san Agustín, san Bernardo, san Gregorio, san Jerónimo, san Isidoro, san Lorenzo Justiniano, Santiago de Villalfane, Séneca, Silius, Téxtor, Tíbulo y Virgilio.

Estas fuentes sagradas y profanas, tanto antiguas como modernas, que podrían dar testimonio de la erudición del secretario, evidencian, por el contrario, lo extendido que estaba el uso de polianteas,[64] pues, como hacemos constar en las notas de esta edición del certamen, muchas de las citas están tomadas no del original, sino de catálogos o repertorios. Y en la "Introducción hecha por el secretario del certamen" hay una pista de que esto es lo más probable, cuando exclama:

> ¿Cómo podré (¡poeta de mí!) hablar en una función que resulta no menos que en alabanza de las católicas majestades, en cuyo asunto no fueran competentes los Catones, Horacios, Propercios, Tíbulos ni Cicerones […]. Si aunque quisiera valerme de ellos tengo tan poco crédito y los he tratado tan nada.

Es significativo también que, dado que se trata de un texto de carácter civil que celebra un asunto de Estado, la mayor parte proceden de fuentes seculares, aunque no dejan de aparecer, en menor medida, referencias a autores que discuten temas religiosos o a la propia Biblia. En este último caso, pasajes de los evangelios de san Lucas y san Pablo, y de los libros de Isaías, Job y los Salmos.

El vejamen: sueño, visión, viaje fantástico y animalización

El vejamen es un discurso burlesco que se pronunciaba en galas universitarias, eventos de academias literarias o ceremonias de premiación de certámenes poéticos, contra quienes tomaban parte en ellos. Abraham Madroñal remonta a la España del siglo XVI el origen de los vejámenes escolares, dirigidos a los egresados durante la toma

---

64. Misceláneas, florilegios o colecciones de citas eruditas de una gran variedad de autores sagrados y/o profanos que servían de apoyo al predicador o al literato para adornar sus escritos.

de grado, los cuales sirvieron de modelo a los que posteriormente se llevarían a cabo en los otros contextos mencionados. "Eran parte de una costosa y complicada ceremonia que tenía lugar antes de imponer la borla de doctor a alguien",[65] tenían la finalidad de dar una lección de humildad al titulado[66] y, tanto en las universidades españolas como en las de sus territorios ultramarinos, estaban regulados por un conjunto de normas.[67]

Se trataba de un "discurso satírico[68] que se inscribía en el marco de una celebración 'seria' en la que tomaban parte los mismos que en esa celebración habían estado hablando y escribiendo, no las burlas, sino las veras".[69] Y esta disertación era pronunciada frente a quienes eran

---

65. Abraham Madroñal, *"De grado y Gracias"*. *Vejámenes universitarios de los siglos de oro*, Madrid, Consejo Superior de Investigaciones científicas, 2005, p. 82.

66. Raquel Barragán Aroche, "El modelo de vejamen en el *Viaje del Parnaso*", en Aurelio González y Nieves Rodríguez Valle (eds.), *El Viaje del Parnaso: texto y contexto (1614-2014)*, Ciudad de México, El Colegio de México, p. 39.

67. Por ejemplo, las *Constituciones de la Real y Pontificia Universidad de México*, de 1775, le dedican al vejamen las Constituciones CCCXXI y CCCXXII, explicando cómo y dónde se había de hacer: "el Vejamen ha de ser en prosa castellana; y para que sea con gracia, y sin ofensa de alguno, le vea primero el Maestrescuela, ó un Doctor, ó Maestro á quien se lo remitiere, el cual lo rubricará; y el Doctor, ó Maestro que se excediere de lo escrito, y aprobado, pierda los veinte y cinco pesos, que por ello se le habían de dar; pero no sea escrupulosa la censura que se diere del dicho Vejamen, dexando libertad para que con gracia, y donayre pueda decir lo que se le ofreciere, asi del Doctorando, como de los demás de la Universidad; y todo el tiempo que durare el Vejamen, que será media hora, esté el Doctorando en pie, y descubierto, á quien se ha de enderezar principalmente todo lo que dixere en el dicho Vejamen". *Constituciones…* p. 177. Un término particular con el que se hace referencia al vejamen universitario es el de *gallo*. Abraham Madroñal, *op. cit.*, p. 31. Enrique Martínez Bogo afirma que este término se empleaba para designar específicamente los vejámenes de la facultad de Teología. *Retórica y agudeza en la prosa de Quevedo*, Tese de Doutoramento, Faculatae de Filoloxía, Universidad de Santiago de Compostela, s/f, p. 181. Consultado en: <https:// books.google.com.mx/books?id=d429vzb-qMkC&pg=PA181&dq=Vejamen&hl=es-419&sa=X&ved=0ahUKEwjU1bSVh_zaAhUByoMKHXP2CRMQ6AEIRDAG#v= onepage&q=Vejamen&f=false>. Abraham Madroñal también discute esta posibilidad en *op. cit.*, pp. 45-46.

68. Coincidimos con Raquel Barragán Aroche en que hay que distinguir entre la sátira de la tradición horaciana, moralizante, y la del vejamen, que supone un conjunto de chistes malintencionados, adscritos más bien a la tradición de la sátira-libelo de Marcial o Juvenal. *Op. cit.*, p. 34, nota 4. También Madroñal apunta esta distinción. *Op. cit.*, pp. 35 y 42.

69. Abraham Madroñal, *op.cit.*, p. 47.

el blanco de sus ataques, poniendo con ello "de manifiesto los conocimientos que el escritor poseía de los satirizados".[70]

Haciendo uso de los recursos de la sátira, el autor del vejamen atentaba contra la dignidad de los involucrados en el evento, ridiculizándolos a partir de la exageración de sus defectos físicos, morales, de familia, de carácter, de costumbres, de profesión y literarios, o, incluso, mofándose de anécdotas personales.[71] Tal circunstancia suponía, por tanto, una tácita complicidad entre el vejador y los vejados, como parte de un juego aparentemente inocente que, en teoría, debía ceñirse a ciertos límites para que las bromas no acabaran en querella, ya que, aunque en principio iban dirigidas contra los personajes ficcionales creados en el imaginario del propio vejamen, tenían como referente a personas reales "a quienes podían resultar ofensivas".[72]

Es por esta razón que, para Madroñal, el contexto festivo en el que se pronunciaba el vejamen era semejante a ese espacio o tiempo carnavalesco en el que, a partir del concepto de mundo al revés, eran posibles "los excesos más extraordinarios, las críticas y las burlas, incluso de personajes de elevada condición social". Por tanto, era común que los autores, escudados en esta especie de limbo en el que supuestamente todo podía ser "dicho con la sordina de la falsedad y de la burla", se atrevieran a exponer todo tipo de críticas, a veces subidas de tono.[73]

Otra de las características de este tipo de discursos burlescos es su carácter efímero, pues estaban tan condicionados por la circunstancia de la que formaban parte, que muchas de las pullas son difíciles de descifrar para el lector moderno debido a la vigencia inmediata que tenían para los vejados en el momento en el que fueron leídas.

En las academias, el encargado de elaborar esta composición era el fiscal, en tanto que en los certámenes era el secretario, quien por lo general, como ya se ha dicho, no solo redactaba el discurso burlesco, sino también la relación de todos los eventos que formaban parte directa

70. Juan Carlos González Maya, "Vejamen de D. Jerónimo Cáncer. Estudio, edición crítica y notas", en *Criticón*, 96, 2006, p. 88. Consultado en: <https://books. google.com.mx/books?id=aaxUK1WR8okC&pg=PA87&dq=Vejamen&hl=es-419&sa=X&ved=0ahUKEwjU1bSVh_zaAhUByoMKHXP2CRMQ6AEITjAI#v=on epage&q=Vejamen&f=false>.

71. Abraham Madroñal, *op. cit.*, p. 44.

72. Raquel Barragán Aroche, *op. cit.*, p. 38.

73. Abraham Madroñal, *op. cit.*, p. 47.

o indirecta de la justa. Es por ello que en todos los casos los autores de este tipo de textos eran personas cultas o medianamente instruidas, pues debían atenerse a "las normas retóricas clásicas"[74] y utilizar un bagaje amplio de modelos literarios, citas y fuentes, aunque, como ya se expuso también, era común que echaran mano de manuales de versificación, tesauros, libros de emblemas, florilegios y polianteas.

El principal objetivo del vejamen era el entretenimiento del público, pero generalmente esa intención se disfrazaba bajo el pretexto de moralizar, ofreciendo un supuesto ejemplo de humildad que les bajara "los humos"[75] a los recién borlados, a los escritores afamados de las academias o a los ganadores de un certamen literario. Por esta razón era el evento más esperado de la ceremonia.[76]

En cuanto a sus características, los vejámenes tendían a combinar la prosa y el verso.[77] Y respecto a su estructura, Madroñal, citando a Urgoiti y tomando elementos de los diferentes tipos, señala que era bastante uniforme: "suelen empezar aludiendo a la dificultad para preparar el vejamen, posteriormente se alude a cada uno de los académicos y, después, se resta valor a las apreciaciones porque son producto de un sueño, generalmente. Los académicos suelen resultar satirizados por su aspecto físico y por sus costumbres literarias", "unos versos como lema o mote rematan el cúmulo de defectos del poeta satirizado" y "la composición termina con la petición de perdón por haber soportado aquella lluvia de acusaciones".[78]

Para lograr el escarnio de sus víctimas, el autor hacía uso de procedimientos de otros géneros, como el teatro,[79] y de los recursos de la sátira, especialmente los que Hodgart incluye dentro de la estrategia de la reducción.[80] Entre muchos otros, Madroñal reseña y da ejemplos

---

74. *Ibid.*, p. 96.

75. *Ibid.*, p. 97. Madroñal señala que esta costumbre se remonta a la antigua Roma, pues "para evitar que los triunfadores romanos se ensoberbecieran con su victoria" y se olvidaran de que eran simples hombres, un esclavo iba a su lado recordándoles al oído sus defectos y faltas. *Ibid.*, pp. 76 y 34.

76. Raquel Barragán Aroche, *op. cit.*, p. 44.

77. Abraham Madroñal, *op. cit.*, p. 81; y Raquel Barragán Aroche, *op. cit.*, pp. 39 y 44.

78. Abraham Madroñal, *op. cit.*, pp. 79-80.

79. *Ibid.*, p. 50 y ss.

80. "La técnica básica del satírico es la reducción: la degradación o desvalorización de la víctima mediante el rebajamiento de su estatura y dignidad. Esto puede conseguirse en el terreno del argumento y casi siempre se proseguirá en el del estilo y el lenguaje".

de algunos de ellos: la "apelación al vejado, que aparece inerme y sin posibilidad de defenderse", "los apodos que se le dirigen", la creación de neologismos burlescos a partir de sus nombres, etcétera.[81] Y añade:

> Otras veces son las comparaciones, metáforas, hipérboles de todo tipo que buscan igualmente la desmesura. Francisco Layna Ranz habla del "frenético uso del equívoco, una auténtica red conceptista de disemias, calambures y disociaciones, y sin apenas engarce que suavizara los saltos de un juego de palabras a otro", especialmente conforme va avanzando el siglo xvii y se impone la estética conceptista.[82]

Otros aspectos que el autor del vejamen aprovechaba para caricaturizar a sus víctimas eran "sus características personales, que casi siempre son negativas: [...] es sucio o maloliente... es largo y afilado como caña de pescar; es viejo, es calvo y utiliza cabellera"; y también explota los defectos morales: "es pedigüeño, es interesado económicamente, le gusta copiar las obras de los demás sin decirlo". En otras ocasiones, incluso, podía hacer mofa de la profesión o el origen de los vejados.[83]

Madroñal precisa que en el caso de las justas literarias las burlas se enfocaban a veces "en los defectos de los poemas" premiados, de modo "que el vejador se dedica[ba] menos en censurar a los poetas como personas que a sus habilidades versificadoras". Y añade que "los temas preferidos" en estos casos solían "ser la propiedad de tal o cual palabra o palabras, la copia de un poema por parte de otro poeta", "la situación del autor de determinados versos" "o su adscripción a determinada escuela poética".[84]

J .C. Hodgart, *La sátira*, Madrid, Guadarrama, 1969, p. 115. Ejemplo de ello son: el *empequeñecimiento*, como hace Swift con los liliputienses en *Los viajes de Gulliver*; el *desnudamiento*, que le sustrae a la víctima sus apoyos de rango y clase social, como en la narración de *El traje nuevo del emperador*; la *animalización*, que reduce las aspiraciones humanas al mero instinto animal; la locura o la irracionalidad que lo despoja de la libertad y la cordura; la *tipificación* que le arrebata su individualidad; la *caricatura*, que resalta uno de sus defectos físicos o morales, etcétera. *Ibid.*, pp. 108-133.

81. Abraham Madroñal, *op. cit.*, p. 97
82. *Loc. cit.*
83. *Ibid.*, pp. 80-81.
84. *Loc. cit.*

Más adelante afirma que también era usual criticar "la falta de adecuación [del poema] al tema propuesto" o "sospechar sobre su verdadera autoría". Este tipo de críticas era posible porque en los certámenes literarios el vejamen solía pronunciarse después de haberse leído los versos ganadores, de allí la correlación entre uno y otros.[85] Por supuesto, esta circunstancia presupone que el autor del discurso burlesco conocía de antemano los poemas galardonados como para mofarse de ellos a la hora de componer su diatriba.

A la lista anterior, Raquel Barragán agrega otros recursos que resultan significativos para el certamen que aquí se edita: que en los vejámenes se ridiculizaba también "la figura de los dioses", característica tomada "de la obra de Luciano";[86] que prevalecía "un tono autobiográfico que se desprendía de la descripción anecdótica hecha por el secretario o fiscal";[87] y el hecho, también mencionado por Madroñal,[88] de que los vejámenes se suscribían a la práctica de utilizar el sueño como parte de la estrategia satírica: "la tradición del vejamen académico incluía un tono de ensoñación épico-burlesca que respondía a la evocación de la sátira menipea".[89]

Esta última táctica ha sido muy utilizada en la literatura desde el famoso *Sueño de Scipión* hasta las narraciones oníricas o de visiones medievales, ya sea "como tema, motivo o ambiente".[90] Fue recurrente durante el Barroco, cuando el sueño fue visto como una de las formas del tópico del desengaño, como se puede apreciar en los *Sueños* de Quevedo, en *La vida es sueño* de Calderón de la Barca o el *Primero sueño* de sor Juana Inés de la Cruz. Sin embargo, la estrategia onírica, a menudo acompañada del viaje visionario, como una narración de carácter ficticio, por lo general ubicada en ese espacio-tiempo carnavalesco del que ya se ha hablado, consentía cierto margen de libertad para discutir asuntos de los que era difícil o estaba vedado abordar en estado de vigilia.

---

85. *Loc. cit.*
86. Raquel Barragán Aroche, *op. cit.*, p. 45.
87. *Ibid.*, 38-39.
88. Abraham Madroñal, *op. cit.*, p. 78.
89. Raquel Barragán Aroche, *op. cit.*, pp. 38-39.
90. Grissel Gómez Estrada, "La función del sueño en el Viaje al Parnaso", en Aurelio González y Nieves Rodríguez Valle (eds.), *El Viaje del Parnaso: Texto y contexto (1614-2014)*, Ciudad de México, El Colegio de México, 2017, p. 187.

Una característica de este tipo de narraciones consiste en mantener la ambigüedad sobre si el protagonista sueña o tiene una visión. Por lo general, como preámbulo a cualquiera de estas dos opciones, el narrador se encuentra cavilando sobre alguna situación que no puede resolver, por lo que para distraerse recurre a la lectura; inmediatamente después, se le aparece un personaje que proviene de un contexto sobrenatural con el que establece un diálogo, y, en algunas ocasiones, mediante artes mágicas, lo conduce a lugares fantásticos y/o distantes en el tiempo o en el espacio, con lo que toda la experiencia reseñada es, por supuesto, una ficción. Otro rasgo común en este tipo de relatos es que suelen estar narrados en primera persona, sin que haya una clara distinción entre el autor, el narrador[91] y el protagonista del sueño o la visión.[92]

Teniendo en cuenta todos los rasgos señalados tanto del vejamen como de la experiencia onírica o visionaria, es posible concluir que la relación del certamen *Estatua de la Paz* se inscribe puntualmente en ambas tradiciones, a pesar de la supuesta intención explícita del secretario de excluirse de ellas.

En cuanto a la estrategia onírica, el preámbulo del sueño o la visión se extiende a lo largo de varias páginas: el secretario no sabe cómo va a cumplir con su deber de escribir la relación y el vejamen; lo agobian la grandeza del motivo del certamen (las bodas reales), el peso político y moral de los mecenas (José de Urquiola y José de Rivera Bernárdez) y la calidad literaria de los poetas competidores, ante lo cual se siente inseguro e inferior. Una tarde en que toma consciencia del breve plazo del que dispone para desempeñar su encomienda,[93] hojea "accidentalmente un libro" para "divertir" su "melancólica desconfianza" y olvidar su "insuficiencia", y se tropieza con unos versos de Claudiano que lo reconfortan, al incitarlo a anteponer el amor —en este caso entendido como lealtad a todas las personas involucradas— a cualquier otra circunstancia que le provocara escrúpulo de escribir.

<hr>

91. Véase Ilse Nolting-Hauff, *Visión, sátira y agudeza en los "Sueños" de Quevedo*, Madrid, Gredos, 1974 (Biblioteca Románica Hispánica, II. Estudios y ensayos, 207), pp. 67 y ss.

92. "El Poeta es escenario y público de su sueño". *Ibid.*, p. 88.

93. Este es un tópico en la relación, el secretario insiste en varias ocasiones en el poco tiempo del que dispuso para preparar el certamen y los escritos que por ostentar ese cargo le correspondía escribir. De hecho, lo utiliza como argumento cuando se defiende de varias de las críticas que le hacen respecto de las condiciones y asuntos del certamen.

Enseguida, dispone de todo lo necesario —tanto material como anímico— para cumplir su propósito: previene papel, pluma y tintero; invoca al rey Felipe V para encontrar inspiración y se acoge a la protección de los benefactores del evento, declarándose listo para empezar a escribir. En este punto es donde se interrumpe el relato realista, suscitando la incertidumbre sobre si lo que se narra a continuación es parte de un sueño o de una visión, fruto de la combinación del agotamiento provocado por la presión de tener que cumplir con un deber que supera las fuerzas y la lectura de algunos libros:[94]

> No bien hube acabado estas preparaciones cuando pareciéndome que ya era tiempo de dar principio a mi obra me senté en una débil silla, y queriendo coger la pluma […] estando en mi entero y cabal juicio (si es que yo lo he tenido alguna vez), despierto y en toda forma de juzgar, veo que se me entra por la puerta una boca abierta en señal de bostezar, a que venía pegada la figura de un fauno.

Y tan repentinamente como inicia este relato onírico o visionario, así concluye, una vez que se ha dado por terminada la premiación de los poetas ganadores y, por tanto, el vejamen. Apolo y Morfeo discuten acaloradamente sobre si debía cesar o continuar la penitencia del secretario, provocando con su altercado un estruendo tal que cimbra el monte Parnaso y desata una confusión general. El dios patrono de la poesía aprovecha la distracción para deshacer el encantamiento que poseía al inculpado, de suerte que, de improviso, "desapareció toda la visión alegre del Parnaso y la mala visión de los poetas"; este se halla de vuelta en su cuarto, sentado en su silla y aún "con la pluma en la mano", como si nada hubiera sucedido y nada hubiese sido escrito, por lo que, decepcionado, solo se atreve a barruntar los versos con los que concluye la relación del certamen.

Sin embargo, entre ese principio y el final, el sueño o la visión abarca la mayor parte del texto y se puede dividir en varios apartados a partir de su temática:

---

94. Para Ilse Nolting-Hauff, "el paso al sueño y a la visión se orienta […] según la convención literaria del exordio del sueño: a la violenta conmoción anímica sigue agotamiento y, finalmente, el descanso 'natural' […]. Al quedarse dormidos los órganos de los sentidos quedan liberadas las potencias de la imaginación para realizar operaciones superiores". *Op. cit.*, p. 107.

1. Diálogo/polémica entre el secretario y Morfeo.
2. Conciliábulo de los dioses sobre el desacato del secretario.
3. Castigo del secretario, intermediación de Apolo y conmutación de la pena (no por compasión al procesado, sino por el mérito del tema que debía celebrar el certamen —las bodas reales concertadas por Felipe V—).
4. Circe hechiza al secretario para ayudarlo a cumplir su encomienda.
   a. Viaje al monte Palatino en la antigua Roma donde se encuentra el Templo de la Paz.
      i. Explicación de la correlación entre los símbolos propuestos en el certamen con las bodas reales que se celebran.
   b. Viaje al monte Parnaso.
      i. Crítica de los poetas maledicentes (los que no obtuvieron premio en el concurso) convertidos en roedores: ¿certamen o examen? Respuesta del secretario.
      ii. Apolo le presenta y pone a disposición del secretario a las musas para que lo auxilien en su empresa.
      iii. El secretario recita una composición que preludia la premiación del certamen.
      iv. Nuevas críticas que "caen del cielo" contra "la ociosidad" de los poemas latinos compuestos por los jueces de la justa y los defectos del acróstico de uno de los asuntos. El secretario justifica lo defendible y se disculpa por lo demás. Las musas lo tachan de incompetente por sus desatinos.
      v. Premiación y vejamen de los ganadores.
5. Disputa entre Apolo y Morfeo.
6. Fin del hechizo, del sueño/visión y regreso al lugar de partida.

Cabe señalar que antes de la aparición de Morfeo en el aposento del secretario, y varias veces durante su controversia, este insiste en que "está en su juicio", "despierto" y "en toda forma de juzgar". Incluso cuando el dios del sueño trata de convencerlo de que siga la tradición de hacer uso de la estrategia onírica para escribir la relación y el vejamen e intenta obligarlo por la fuerza a dormir para soñar, el secretario insiste en no querer hacerlo, recurriendo a un juego de palabras para afirmar que por su propia decisión su escrito no tendrá nada de Morfeo, salvo lo *feo*.

Esta renuencia a seguir dicha práctica resulta, sin embargo, contradictoria con el hecho de que, en el prólogo, a pesar de estar también en desacuerdo con el uso de prologar las obras, accede a avenirse a él:

> Ello es fuerza, lector grato o ingrato,
> haber de prologar, porque es costumbre,
> el prólogo en los libros, y yo trato
> de no apartarme un tanto, ni por lumbre,
> de uso tan recibido y tan barato
> que no se trae ninguna pesadumbre,
> pues el que escribe de la deuda sale
> de buen autor tan solo con un vale.

De vuelta al contexto en el que se origina el sueño en el relato, la siguiente escena —el concilio de dioses— se desarrolla en el mismo sitio: la habitación del secretario. Solo cuando Apolo logra conmutarle la condena y lo entrega a Circe, el escenario cambia. Esta, mediante "conjuros y soplos", lo transporta por los aires desde su aposento: primero al monte Palatino, en la antigua Roma, para explicarle las analogías entre los símbolos propuestos en el certamen y las bodas concertadas por Felipe V; y luego, al monte Parnaso, en su propio tiempo, para la premiación. Ahí se encuentra con los poetas ganadores transformados por la maga en animales, siguiendo quizá la costumbre que se le atribuye en los mitos de hacer eso con sus enemigos[95] —aunque nunca quedan claras las razones por las que en este caso realiza dicha transmutación—. Como ya se dijo, hacia el final del relato, una vez revocado el hechizo, la escena vuelve al lugar de inicio.

La ambigüedad sobre si lo descrito es un sueño o una visión se mantiene a lo largo de la narración. Si bien mientras el secretario discute con Morfeo o se ve en medio del conciliábulo de los dioses insiste en que está "despierto" y "en su juicio", una vez que es encomendado a Circe y ella lo hechiza, admite que no es capaz de tener sensaciones: "quedé como insensato, [...] tan insensible que si andaba me parecía que no movía los pies, y si hablaba entendía que no necesitaba de sacar

---

95. Hay muchos mitos sobre Circe, una hechicera que vivía en la isla Eea. En la *Odisea*, cuando Ulises desembarca en sus tierras, transforma a la mitad de los marineros en cerdos. El héroe consigue evadir sus maleficios y logra que regrese a sus hombres la forma humana. Circe se enamora de él y lo ayuda a regresar a Ítaca después de que este permanece un tiempo con ella en la isla.

de su quietud a los labios. Si me miraba no me conocía, [...] y, en fin, todo yo era una indiferencia: ni gusto, ni pena, ni miedo, ni valor".

Circe se refiere más adelante a ese estado como "semi vida", y agrega: "que a no estar encantado" no pudiera ver todo lo que le muestra ni ella enseñárselo. De este modo, pareciera que las visiones que tiene su cautivo sobre el monte Palatino, el monte Parnaso, las musas, el desfile de los poetas premiados convertidos en animales y todo lo demás que pasa mientras ella está con él son parte de ese embrujo que lo puso en un estado de trance ¿onírico?

Ahora bien, a diferencia de otros relatos de sueños, en donde el soñador es un observador pasivo, en este el secretario tiene un papel protagónico: discute con Morfeo, solicita por defensor a Apolo, acompaña e interactúa con Circe y las musas, y tiene el rol principal durante la premiación del certamen, pues es el encargado de identificar en los animales a los poetas ganadores, de leer sus poemas y de vejarlos.

En el texto, el sueño —o la visión— parece tener diversas funciones: por un lado, sujetarse a la tradición de este tipo de escritos, no obstante el aparente discurso contestatario del secretario. Aunque este se niega a utilizar la estrategia onírica, del propio relato se desprende que termina por sucumbir al sueño —a pesar de que el final sugiera que se mantuvo firme en su decisión y por ello no escribió nada—. Sin embargo, como es obvio, la relación del certamen quedó escrita mientras aparentemente se quedó dormido. ¿Quién más que él pudo haberla redactado, incluso a pesar de sí mismo mientras estaba fuera de sí, ya sea mediante el sueño o la visión?

Otra función es la ya comentada del desengaño: no solo de que aparentemente no había manera de escapar de la tradición literaria que lo precedía, sino también de que —aunque esto se hace de una manera velada— pese a que el secretario y los poetas laureados logran entrar al monte Parnaso, patria de la poesía, no lograron hacerlo ni estando en sus cabales ni en su forma humana, por lo que se infiere que prevalece la conciencia de que nadie estaba a la altura de otros poetas que alcanzaron ese mérito.[96]

---

96. El hecho de que el secretario no figure tampoco como autor de la relación de sucesos, como ya hemos discutido, podría ser, asimismo, otro de los motivos del desengaño.

Hay una función más, que es la que justifica el vejamen: el sueño es precisamente lo que lo *acredita*, pues el relato propone al secretario como condicionado por sus circunstancias. Ya no es él mismo. Cuando Circe lo hechiza, admite que lo sacó tan fuera de sí "que en un instante" se le "desparecieron dioses, libros, cama, aposento y aún juicio", y porque quedó "como insensato". De ahí que todo lo que le sucede es una especie de mundo al revés donde las cosas no son como parecen ni como deberían ser.

Por otro lado, como no fue él quien convirtió a los poetas ganadores en animales, solo le toca adivinar la razón por la que la maga los transformó en tal o cual bestia, y esto lo logra a través de identificar en cada uno algunas de las características que reconocía como propias en los personajes reales que le eran familiares. Es así como, mediante la estrategia del sueño o la visión, y del recurso satírico de la animalización, las *personas* a las que el secretario se ve en la necesidad de vejar por las circunstancias del certamen son ficcionalizadas. De este modo, en ese mundo fabuloso y carnavalesco, tiene carta blanca para burlarse de ellas, a veces hasta en forma muy ofensiva, sin los escrúpulos que le impedirían hacerlo en otro tipo de discurso. Por ello, el texto carece de esa parte de la que habla Madroñal sobre la petición de disculpas: el secretario no siente que deba pedir perdón por aquello que, aparentemente, no escribió; ni tampoco por lo que pudo haber expresado mientras estaba fuera de sí por el hechizo de Circe.

Aun con todo lo anterior, hay momentos en los que el secretario tiene escrúpulos para utilizar esa prerrogativa que le brinda el contexto carnavalesco y se muestra reticente a vejar a algún conocido de cierta dignidad, específicamente con quien guarda alguna relación de subordinación. Como cuando le toca presentar y premiar a Pedro José de Mimbela:

> —Mucho *pollo* es para mí —dije—. ¿Cómo he de tener yo *pico* para vejar a mi prelado? Pero a bien que en su comparación soy una *basura* y por eso en mis asuntos he de darle lugar a que cante bien.

En este caso, incluso le reprocha a Circe que ella sí tiene la libertad de decir lo que le plazca de cualquiera, pero él está impedido de hacerlo por el respeto a ciertas jerarquías: "que a bien que no es tu prelado y mío sí".

En cambio, en otras ocasiones, cuando existe una relación de igualdad o de familiaridad con quien se dispone a vejar, se excede en su escarnio, llegando incluso a mostrarse cruel. Como cuando se mofa de su hermano enfermo y deforme, el agustino fray Francisco Javier de Aguirre, al que se refiere como "cucaracha" y agrega que: "todo su reverencia es una podredumbre y una lacra, que cierta enfermedad (que no quiero llamarle bubas por no gastar desvergüenzas con mi hermano mayor) lo puso en estado de encogerle las piernas y los brazos". Y remata con los siguientes versos que aluden a su afección:

> La suerte te ha maltratado,
> justo es que así lo recibas,
> y que *acancerado* vivas
> pues te lo llevo a-cancer-hado.

Por su parte, el vejamen del certamen literario *Estatua de la Paz* recurre a prácticamente todos los recursos descritos por Madroñal y Barragán antes reseñados. Por ejemplo, se permite satirizar a los dioses: Morfeo es descrito como un fauno de "monstruosa figura", cuyo rasgo más sobresaliente, a primera vista, era su "boca abierta en señal de bostezar". Posteriormente, es caricaturizado, a nivel físico, como desaliñado y adicto a las plantas narcóticas: "cobijado con una cobertera negra, con los ojos cerrados; tan lacia [y] tan desvaída, que cada acción suya era un esperezo; toda oliendo a adormideras, a opio y a beleño"; "lagañoso", arrugado, gesticulante, lerdo, siempre bostezando y hablando a gritos, y cuyas voces eran "espantosos ronquidos" salidos de lo "profundo de sus calabozos". Y su descripción moral no es más favorable: es retratado como colérico, intransigente, pendenciero, injusto y vengativo.

Los otros dioses del Olimpo no salen mejor librados, pues son calificados de "sabandijas". Y aunque con Circe y Apolo se muestra más benigno, por haber sido sus protectores y haber ayudado a llevar a buen fin su empresa: la primera no deja de ser una "mágica" pagana, y el segundo, al final del relato, tiene un lado ridículo cuando pierde los estribos y todos los dioses acaban "hechos unos perros de pendencia, siendo entre ellos los más ardidos Morfeo y Apolo que se habían agarrado a *pico* y se estaban diciendo divinidades".

Otros recursos del vejamen son el combinar el verso y la prosa, y el tono autobiográfico que prevalece en toda la relación, en la que se van intercalando analogías mediante las cuales el secretario pone en relación sus reflexiones sobre el proceso creativo de su escritura del certamen, por ejemplo, con un negocio de venta de géneros:

> ¡Quién me viera —digo otra vez— abrir la puerta a la tienda de mi comprehensión donde son las *especies géneros* para hacer *balance* y registrar uno por uno los que pudieran aprovechar en este empeño, y después de haber gastado uno y muchos días en *recorrer* lo que otro poeta, a carrera de Pegaso, podía *balancear*; averiguar con grave desconsuelo que todos los cajones estaban llenos de retazos desiguales, apolillados y pequeños, tanto, que no digo yo fueran suficientes a engalanar un certamen, pero ni había con todos ellos bastante para hacerle una montera a la musa más enana, ni creo que lo consiguiera el mejor remendón entre los versistas! ¿Cómo, pues, se lastimaría de mí quién me viera en esta confusión? ¿Y cómo se suscitaría en mí la envidia de tantos y tan ricos hombres como en esta ciudad hay que tienen a bodegas las telas de las mejores erudiciones, pues parecen *encomenderos* de Minerva, y a quienes a todas horas les entran las *memorias* de los Ovidios, los *fardos* de los Sénecas, las *flotas* de los Marones y, en fin, despachos cuantiosos de los Claudianos, Estrabones, Celios, Claudios, Alciatos y otros infinitos?

Una estrategia recurrente es aderezar el discurso aparentemente serio de la relación o el burlesco del vejamen con refranes, máximas, sentencias, dichos o frases hechas, ya cultas, ya del habla popular; e incluso parodiarlas o mutar su sentido, intercambiando palabras de la frase original. En ocasiones, estas locuciones van destacadas con cursivas, pero en otras no. Ejemplo de ello es decir "Templos a la obra", en lugar de "Manos a la obra"; "tiene entre plumas", por "tiene entre manos"; o "A lo poeta andante", por "A lo caballero andante".

Una muestra más es el pasaje siguiente: "Demás, señor mío, que en esto de dormir o no dormir cada cual tiene sus ojos y podrá hacer de su sueño un sayo". Vale decir también que quizá como parte de este mismo juego de equívocos que ofrecen al espectador/lector varias posibilidades de lectura, el secretario utiliza muchas palabras con un sentido distinto al que refieren los diccionarios de la época; aunque otra explicación a esta táctica podría ser, de nuevo, que su interés estuviera puesto más en el *cómo se dice* que en el *qué se dice*, por lo que no importaba tanto la precisión de los términos.[97]

Por supuesto, se dan también en el vejamen otros de los recursos que enlistaba Madroñal: la apelación del vejado, el uso de apodos, los neologismos, las comparaciones, las analogías, las hipérboles, los equívocos, la relación de anécdotas ridículas y la hiperbolización y caricaturización de los defectos de los vejados.

Ahora bien, como ya se ha dicho, el discurso burlesco se lleva a cabo mediante el recurso satírico de la reducción, específicamente a través de la animalización realizada por Circe. Esta metamorfosis autoriza la hiperbolización y caricaturización de algunos de los defectos más representativos de los concursantes. Enseguida se propone un cuadro donde se aprecia qué tipo de defectos o vicios son los que se ponderan en cada caso.

Nombre	Animal	Defecto que se satiriza	
		Físico	Moral
Pedro José de Mimbela	gallo	gallardo prieto hermoso	orgulloso, soberbio, pagado de sí mismo, quisquilloso, perfeccionista (porque a todo le pone defecto)
Matías de Argüelles	cordero		beato, manso, ambicioso (quiere ganar el premio), cobarde (quiere huir del vejamen)
Fray Juan de Zarazúa	conejo	de nariz grande	huidizo (quiere evadir el vejamen)

---

97. En la edición que aquí se propone, se anotan los casos que fueron identificados. Habría otras posibles explicaciones que sería imposible demostrar: por ejemplo, que fueran palabras que regionalmente se usaran con un sentido distinto; o que, al igual que las referencias a las fuentes a través de citas de citas, en realidad lo que ese uso del lenguaje evidencia es que quizá el autor no fuera tan culto como pretendía ser. Esto último no es una hipótesis descabellada si recordamos que los participantes eran en su mayor parte solo aficionados a la literatura, y todo el certamen parece ser un ejercicio literario "entre amigos", no una justa entre literatos "profesionales".

Joaquín Balderas	jicote		alborotador, molesto, adulador, presuntuoso, meloso, gritón
Fray Ventura Franco	cuervo		procastinador, impaciente, molesto, iracundo
Fray Antonio González	pavo real		"alindado", vanidoso, interesado
Antonio Torres	guajolote	calvo, ¿arrugado?	pedigüeño, ¿pesimista?
Fray Juan de Argola	armiño	corpulento	se menosprecia
Basilio Gómez	lechuza	lagañoso, ¿miope?, ¿tuerto?	¿discreto?
Baltasar de Medrano	tildío	piernas flacas	
Juan Ignacio de Larrañaga	zorra	desdentado	astuto, hipócrita
Fray Francisco Javier de Aguirre	cangrejo	feo, enfermo, deforme	procede en todo al revés
Patrón Francisco Gallardo y Mata	caimán	tiene la boca muy grande	es pobre, busca dar gusto a todos, vive con la corriente
Andrés de Reina Narváez, apoderado del Br. Manuel de la Puente	loro	corpulento	habla tanto por sí como por el personaje a quien representa
Cayetano de la Plata	tecolote	no ve lo que hace, ¿alto?	¿presume de erudito? ¿pesimista?
Tomás de Herize Br. Bachiller Nicolás Muñiz de Huerta	camello	¿jorobado?	ladino, nunca pierde pleito
Fray José de Navarrete	palomo	sucio, desaliñado	erudito, manso

Como se puede apreciar, algunos de los supuestos defectos, como la gallardía, la hermosura, la erudición o la mansedumbre, en realidad no son tales.

La relación entre el personaje y el animal que le tocó en suerte no es clara en todos los casos y en ocasiones tampoco parece muy afortunada. Por ejemplo, a veces, la elección tiene que ver con la similitud entre el color del animal y el del hábito del personaje vejado: el negro del cuervo con el color del hábito del fraile agustino fray Ventura

Franco, el blanco del armiño con el del mercedario fray Juan de Argola, y el blanco y el negro del palomo con el del dominico fray José de Navarrete.

En otros casos, la analogía se establece a partir de una peculiaridad física del personaje vejado que se asemeja a una del animal que lo representa: el tener piernas delgadas con el ave de nombre tildío, el tener la boca grande con el caimán, el ser algo jorobado con el camello, la deformidad física con el cangrejo y el ser lagañoso o falto de vista con la lechuza y el tecolote.

En algunas ocasiones, en cambio, la vinculación tiene que ver con algún vicio o defecto moral: el orgullo del gallo, la mansedumbre del cordero, lo huidizo y asustadizo del conejo, lo ruidoso del jicote, el hablar mucho del loro, lo vanidoso del pavo real o la astucia de la zorra. Y en otra más, la conexión es un tanto arbitraria y forzada, como con el guajolote, pues el que el personaje burlado sea "de Guanajuato" autoriza a Circe y al secretario para que le achaquen que le va bien todo lo que comience con "gua", como "guajolote", "guacamole" o "guaracha".

El escarnio de los poetas ganadores se hace en dos momentos muy específicos con características diferentes: cuando Circe va sacando de la cueva a cada animal y lo va presentando al público y al secretario, y cuando este ha leído los poemas ganadores y hace mofa de su autor. En el primero, la sátira es en prosa y en ella participa tanto el secretario como la maga. Por lo general, las burlas parten de la analogía entre los atributos del animal que representa a cada personaje y sus defectos o vicios particulares, y se estructura en una secuencia de equívocos o frases hechas alusivas a ellos. En el segundo, el secretario le dirige al poeta ganador una burla que divide en dos etapas: del primer al tercer asunto, con un dístico latino, propio o de algún otro autor, y unos versos castellanos de su autoría, en dos cuartetas, que a veces continúan la sátira sobre su caracterización animal y a veces abordan otros temas; y del cuarto al sexto asunto, solo mediante sus versos castellanos. Véase un caso del primer momento antes descrito.

Cuando Circe presenta, por ejemplo, al gallo, dice de él que es "*gallardo*", jugando con la estructura del vocablo; enseguida, dice que es "prieto", aludiendo quizá a la tonalidad de la piel del personaje; luego, critica defectos de su carácter, como la soberbia, señalando que apuesta su hermosura como "el más pintado"; y más adelante, lo describe como "girillo",[98] que alza la "golilla", que se amarra "la navaja" o que hincha "el buche". Circe y el secretario concatenan además un diálogo sobre el animal/personaje, en el que intercambian frases hechas que lo aluden: "échote este gallo", "mucho pollo es para mí", "si cada gallo canta en su solar", etcétera; o hacen una analogía entre las características físicas del animal y las habilidades literarias o el estatus académico del personaje: "si su *pluma* es buena los pies de sus versos son mejores y tienen unos *conceptos* por *espolones*", y su cresta tiene siete picos: "tres del *sombrero* y *cuatro* del bonete".

En cuanto al segundo momento descrito, en los vejámenes que hace el secretario, los temas de sus burlas suelen ser arbitrarios. En ocasiones, tienen que ver con los defectos físicos ya señalados en el cuadro: la nariz grande de fray Juan de Zarazúa (el conejo), la calvicie de Antonio Torres (el guajolote), lo tuerto de Basilio Gómez (la lechuza), las piernas flacas de Baltasar de Medrano (el tildío), la deformidad de fray Francisco Javier de Aguirre (el cangrejo), o lo desdentado de Juan Ignacio de Larrañaga (la zorra).

En otros casos el escarnio tiene como motivo peculiaridades propias de cada animal, como sucede con el palomo y el gallo. En algunos más está relacionado con un defecto moral del personaje que, mediante malabares del ingenio, se asocia con una característica del animal que lo representa: lo huidizo y temeroso atribuido a fray Juan de Zarazúa (el conejo), la procastinación de fray Ventura Franco (el cuervo), lo interesado de fray Antonio González (el pavo real), lo adulador y gritón de Joaquín Balderas (el jicote) o el pesimismo de Cayetano de la Plata (el tecolote).

El vejamen también se hace a partir de la mofa de la profesión: el ser abogado, como Tomás de Herize (el camello); platero, como Patrón Francisco Gallardo (el caimán); y minero, como Juan Ignacio Larrañaga (la zorra). Lo mismo del apellido, como con Andrés de Reina Narváez (el loro), Cayetano de la Plata (el tecolote) y Nicolás Muñiz de Huerta (el camello).

En algunas circunstancias el asunto es más rebuscado, como en la primera premiación del gallo, donde la analogía se hace entre este animal que representa al poeta ganador y el que es símbolo del reino

---

98. Decidimos no anotar aquí el significado de estas palabras porque aparecen en nuestra edición del texto.

francés, que se enfrenta al león, que corresponde a Felipe V. En otras, resulta difícil discernir la relación, como en la primera premiación del tecolote; y en otras más, pareciera ser una incipiente crítica literaria, como en el caso del cordero, asunto del que se hablará más adelante.

Hay que recordar además que siete personajes obtuvieron dos premios, por lo que fueron doblemente vejados, situación en la que el secretario continúa con la temática desarrollada la primera vez que lo burló, o toca un nuevo aspecto o defecto. Solo en un caso se recurre a la estrategia de contar una anécdota ridícula de algún personaje: el de Cayetano de la Plata, quien diseñó y quiso fabricar un artefacto que aparentemente resultó fallido: un "molino de fuego" "que anduviera a fuerza de cohetes por ahorrar mulas".

Por último, vale la pena comentar que, respecto a esa crítica literaria, señalada por Madroñal, que solía estar presente en los certámenes literarios, en *Estatua de la Paz* solo aparece de manera muy sutil en el vejamen de Matías de Argüelles, el cordero:

> Del poëta la lengua cese,
> que por roer rabiando está,
> que en ese-inter el juez da
> el premio, que es inter-ese.
>
> Pues según buena opinión,
> aunque el poëta se desabra,
> esto de dar de *palabra*
> no me parece *razón*.

Sin embargo, la conciencia de que existe una crítica literaria que puede tocar tanto al secretario como a los poetas ganadores es evidente a lo largo de toda la relación del certamen. Por ejemplo, hacia el final del prólogo, el autor tiene claro que una vez que su escrito se haga público estará a merced de la crítica, por eso solicita, ingenuamente, que de ser posible no sea objeto de murmuraciones:

> La narración, discreta o indiscreta,
> a tu censura sale.
> No vale la murmures, sino ¡vale!

Pero la crítica ni siquiera esperó a que la relación del certamen estuviera publicada, ni aun a que estuviera escrita, ya que, en distintos momentos, el propio relato da cuenta de varias críticas que se hicieron entre la difusión del cartel y la ceremonia de premiación. Es así que describe, primero, cómo los poetas "maledicentes" —quizá los que no resultaron ganadores en la justa—, caracterizados como ratones, royeron el cartel, cuestionando que el certamen era un examen; y luego, cómo mediante unas cédulas que cayeron del cielo, se criticaba lo "ocioso" de los versos latinos, acusando a los jueces y al secretario de ignorantes en esta lengua, y los defectos del acróstico de uno de los asuntos.

Cabe señalar que cuando se critican los poemas de los jueces de la justa, son las propias musas, y no el secretario, las que salen en su defensa. En cuanto a las otras, es el secretario el que intenta justificarlas, aunque también pide disculpas por sus yerros y protesta "oír las réplicas que cualquiera quisiere hacerme después, o por escrito o de palabra, y responder según pudiere a ellas". De existir, hasta ahora no se han encontrado noticias sobre esas posibles críticas posteriores a la lectura pública de la relación del certamen, o más aun, de su impresión —hay que recordar que esta se llevó a cabo cinco años después del evento, cuando lo más probable es que los supuestos resentimientos ya se habrían olvidado—.

Pese a esa valiente promesa de responder a sus censores y al hecho de que el secretario asume optimistamente que los poetas vejados aceptarían de buena gana sus burlas, no es muy receptivo con las críticas que le tocan, pues, indignado, contraataca los cuestionamientos de sus detractores:

> Por malos, cosa asentada,
> que pasen mis versos tomo,
> pero los que tú haces, Momo,
> no son mejores ni nada.

Por otra parte, como parte de esta incipiente conciencia de una crítica literaria, podría considerarse la reseña que el mismo secretario hace de los versos ganadores justo antes de iniciar la premiación, a través de un extenso "coplón" en el que resume la labor de los poetas en cada asunto y las habilidades literarias desplegadas:

Fatigas de los ingenios
en tropa veía subir,
talando a *concepto* y *copla*
todo el *ameno jardín*.
[...]
Al epigrama veloces
corrían, cual Sol al *nadir*;
y fábula de por medio
querían hacer *cénit*.

    En los versos de Virgilio
veía a muchos confundir,
que para el asunto hallaban
apenas *uno entre mil*.

    Al labirinto vi entrar
orgullosos muchos, y
luego cortaban el *hilo*;
sería por ser *sutil*.

    Por la glosa estaban muchos
de renegar en un tris,
sin su *conversión* poder
moverlos a *convertir*.

    Las retróg[r]adas les daban
luego, luego, en la nariz,
haciendo a muchos *sonar*
lo que algunos escupir.

    Salsa las paranomasias
del certamen *perejil*,
tenían entre *sus verdores*,
no sé qué que hacía *podrir*.

En la misma situación estarían los versos finales de este mismo poema, donde imagina las críticas que recibirían él mismo y los ganadores del certamen:

    "Más arte tiene que todos
de los que yo hago el más ruin,
    pues para estos versos tengo
de especies con qué construir,
de la azotea de mi cuerpo
relleno el zaquizamí".

    Por estos humos, quizá,
luego que quiso parir,

> lo que esperaba concepto
> vio que no era más que hollín.
>   Y lo peor que hay es que de estos,
> uno no se halla, que si
> no van sus versos primero,
> no se tenga por muy vil.
>   Mas no falta qué estimarles
> después de todo, que al fin
> sin que den *en qué entender*
> no dejan de dar que reír.
>   Peores son otros que tienen
> de lo entendido el barniz,
> y *en qué entender* dar procuran
> sin dar *en qué discurrir*.

En fin, valga lo dicho hasta aquí para mostrar las riquezas de esta obra, así como para trazar las posibles rutas de investigación y análisis en las que los interesados en la literatura novohispana podrían seguir profundizando. Sirva también el esfuerzo desplegado en esta edición como un botón de muestra de otros tantos textos similares que quedan por rescatar y estudiar para poder contar con un panorama mucho más preciso de lo que fue, significó y significa el rico patrimonio que nos heredó nuestra literatura virreinal.

Criterios de edición

Dado que el propósito de este libro es dar a conocer esta obra acercándola al lector actual, pensando en un público amplio, tanto de especialistas como estudiantes de Letras y público en general, la versión que aquí se propone es una edición de rescate,[99] y privilegia la legibilidad y el sentido sobre la fidelidad lingüística de los textos.[100] Por tanto, se atiene a los siguientes criterios:

1. Se desataron las abreviaturas.[101]
2. Se modernizó el uso de grafías,[102] mayúsculas, acentuación, puntuación, y de las palabras que hoy van juntas o separadas.[103] Solo

99. Raramente en el caso de las obras novohispanas se cuenta con varios testigos como para hacer una edición crítica.

100. Como los lingüistas interesados pueden tener acceso a esta obra mediante fotografías digitales, no valía la pena hacer una edición diplomática.

101. Los títulos o cargos tanto religiosos como civiles (bachiller, doctor, fray, conde, etcétera), las formas de respeto o reverencia (don, doña, señor/señora, vuestra/s excelencia/s, vuestra/s merced/es, vuestra/s alteza/s, Sacra Catholica Regia Majestas, muy reverendo padre fray, etcétera), las formas reverenciales a Dios, la Virgen, los santos o la religión (católico, nuestro/a señor/a, religión, san, santo/a, etcétera), y los apócopes (que, aunque, por, porque, etcétera). Asimismo, las abreviaturas señaladas con una tilde, que representan la supresión de una "n" o "m".

102. Se simplificaron las letras dobles en desuso: ee, cc, ll, mm, nn, ss; se modernizaron las grafías: g > j, q > c, x > j; los grupos consonánticos bs > s, ct > t, ch > c, ch > qui, gn > n, mb >nv, mm > nm, mp > n, mph > nf, ns > s, ph > f, ps > s, pt > t, th > t; así como las alternancias v/b, y/i; se sustituyó la s larga por una corta; se agregó u omitió el uso de la h conforme al uso actual; y se adecuó el uso de la s, c, ç, z, x por s, c o z según correspondiera.

103. Por ejemplo: a caso > acaso, a delante > adelante, a demas > además, a el > al, a penas > apenas, aun que > aunque, con migo > conmigo, de el > del, de espacio > despacio, dosnudos > dos nudos, en hora buena > enhorabuena, en tender > entender, he lo > helo, manda lo > mándalo, par diez > pardiez, pasa portes > pasaportes, senos > se nos, sino > si no, si quiera > siquiera, su mision > sumisión, tambien > tan bien, toda vía > todavía, voqui abierto > boquiabierto, vola til > volátil.

se respetó la ortografía del original o el uso arcaico cuando la modernización hubiera afectado, por ejemplo, un acróstico o la rima. Se respetaron también las variantes de un mismo vocablo.[104]

3. Se actualizó el uso de comillas, subrayados, cursivas y versalitas, salvo en los casos que resultaban indispensables por el sentido. Lo mismo se hizo con los nombres propios, así como las palabras arcaicas,[105] con excepción de aquellas que están aceptadas como en uso por el *Diccionario de la lengua* de la Real Academia Española en su más reciente edición.[106]

4. Se enmendaron, señalándolo, las erratas evidentes (ausencia y sustitución de letras, transposiciones, etcétera).

5. Se ajustaron, señalándolo, las concordancias de género y número.

6. Se marcaron con un *[sic]* las lagunas del texto, los vocablos o estructuras sintácticas poco comunes o que no corresponden a los actuales, y aquellos otros que parecen no concordar con la sintaxis del texto.

7. Las reconstrucciones del texto o añadidos, las suposiciones de interpretación y/o las dudas se incluyen entre corchetes, así como las grafías, palabras o pasajes ilegibles [il.].

8. En los vocablos de dudosa escritura, la decisión tomada se explicó en una nota al pie.

9. Las notas de erudición se atienen al criterio de economía y buscan definir palabras e identificar fuentes, personajes o lugares, principalmente. Las definiciones de los vocablos proceden del *Diccionario de la lengua* y *Diccionario de Autoridades* o de los otros diccionarios antiguos disponibles en el Tesauro Lexicográfico del portal web de la Real Academia Española. Las referencias a personajes, lugares, pasajes históricos, obras, etcétera, provienen de diferentes enciclopedias, diccionarios u obras especializadas que se anotan en la bibliografía.

---

104. Por ejemplo: lagañas/legañas; laberinto/labirinto.

105. Por ejemplo: asumpto, asalareados, augmento, deduzgan, emmiende, escrebir, escripturarias, estrañar, fructo, Jerusalem, immenso, infraescripto, monstrar, obstante, obstentar, perficionando, prognostico, presumptuoso, sobstienes, subtil, etc.

106. Por ejemplo: aqueste, captivos, comprehensión, congruo, criatura, cuantidad, dél, delicto, dellos, demonstrar, desfrutar, deste/a, dese/a, dulcísonos, escribiente, escriptura, escuadronados, fragrantes, hinchir, invidia, labirinto, legaña, murmureo, obscuras, onde, oprobrios, ora, proprio/s, respecto/s, etc.

10. Se registran las erratas, roturas, manchas o deterioro cuando afectaban la lectura del original.
11. Se adecuó la estructura del texto, escrito de corrido, al formato de una narración que contiene diálogos.

La situación de los pasajes en latín requirió de decisiones diferentes. Por lo general, corresponden a citas tomadas de diversos autores, a veces de cierta extensión y, en otras, fragmentos breves de dos o tres palabras sacadas de su contexto. En su mayor parte, estas citas se pueden rastrear y cotejar con la fuente original y, circunstancialmente, encontrar traducciones profesionales, ya sea del pasaje aislado o en el contexto de la obra de la que proviene. Se consideró indispensable traducir estas citas, ya fuera a partir de una traducción profesional tomada de diversas fuentes que se anotan en la bibliografía, o de una versión propia, con todas las limitaciones del caso de quien no es experto en latín.[107] Por tanto, para los pasajes latinos se siguieron los siguientes criterios.

12. En todos los casos el texto se dejó tal y como aparece en el original, incluso en aquellos en que pareciera haber algún error. Por cuestiones tipográficas solo se sustituyeron las "ſ" por "s", y los diptongos latinos "æ" y "œ" por "ae" y "oe".
13. En cuanto a las citas latinas tomadas de diversos autores:
    - Las traducciones se incluyen en notas al pie, señalando la fuente cuando fue posible identificarla. Cuando la traducción propuesta procede de algún libro así se señala.
    - El cotejo de muchas de las obras se hizo a través de los portales: *Corpus Corporum repositiorum operem Latinorum apud universitatem Turicensem* de la Universidad de Zúrich (<http://mlat.uzh.ch/MLS/index.php?lang=0>), *Classical Latin Text* de The Packard Humanities Institute (<http://latin.packhum.org/index>) y en *The Latin Library* (http://www.thelatinlibrary.com). Solo se registran los casos en los que se encontró alguna discrepancia.

---

107. Reiteramos aquí nuestro reconocimiento por el invaluable apoyo en la traducción y revisión de los pasajes latinos a María del Rocío Padilla Flores.

- Respecto de las citas bíblicas, fueron cotejadas tanto en latín como en español y reproducidas de las versiones de la Sagrada Escritura de la página web del Vaticano: <http://www.vatican.va>. En este caso, aunque las obras citen fragmentos de un versículo o no tengan discrepancias con el pasaje original, decidimos poner el versículo completo tanto en latín como en español.
- Cuando la cita —bíblica o latina— es muy breve y, por lo tanto, la traducción profesional resulta excesiva para el sentido del texto porque las palabras fueron extraídas de su contexto, se optó por una traducción propia que tuviera en cuenta cuatro cosas: el fragmento citado, el contexto discursivo en el que se inserta, la fidelidad con el pasaje original y el contexto discursivo de este.
- No se tradujeron los poemas escritos en latín que formaron parte del certamen.

Esperamos que esta edición le permita al lector disfrutar del certamen *Estatua de la Paz* y que el esfuerzo desplegado aquí le resulte útil para no sentir la obra tan ajena a una lectura de hoy, pero sin perder la sensación de que se trata de un texto antiguo.

Estatua de la Paz

Antiguamente colocada
en el monte Palatino por Tito y Vespasiano, cónsules,
y ahora nuevamente trasladada a los reinos de España y Francia
por la católica majestad de nuestro rey y señor don Felipe V
(que Dios guarde), en las felicísimas nupcias del serenísimo señor
don Luis I, príncipe de Asturias,
con la serenísima señora hija del señor duque de Orleans;
y las de la señora doña María Luisa Gabriela, infanta de España,
con la cristianísima majestad del señor rey de Francia,
cuya alegórica translación[1] celebraron los ingenios zacatecanos
en el festivo poético[2] certamen, que a expensas de la lealtad
del [primer] conde de Santiago de la Laguna, coronel de infantería
española, don José de Urquiola, se celebró en dicha ciudad,
[el] día 27 de septiembre del año de 1722;
con la descripción del obelisco que se le erigió al señor don Luis I
(que de Dios goza) en su real coronación, el año de 1724.

Sácalo a luz y consagra a la católica
majestad del señor
don Felipo V (que Dios guarde),
el coronel de infantería don José [de]
Rivera Bernárdez,
[segundo] conde de Santiago de la
Laguna.

●

Con licencia de los superiores, en México,
por José Bernardo del Hogal,
impresor mayor de dicha ciudad en la Calle Nueva.
[1727]

1. Es decir, "traducen", aplican o refuncionalizan la imagen de la Estatua de la Paz a un asunto distinto a partir de establecer conexiones que los interrelacionen.
2. En el original, y en todos los casos subsecuentes: Poético, poëma, etcétera. Solo conservamos las diéresis en los versos para respetar la métrica.

[DEDICATORIA]

+

Sacra Regia Catholica Majestas[3]

Embarcado, señor, en la cuantiosa nave de mi ignorancia, naufragaba por entre las obscuras sombras de mi discurso buscando a mis timideces seguro puerto para el acogimiento, y habiendo descubierto en las soberanas plantas de vuestra majestad el norte de mis deseos, hallé, en vez de alientos, temores que exasperaban mi confianza en los reverentes respectos debidos a tan suprema majestad: *Sed vt ij, qui apud Deum verba faciunt, corpore, gestu, sermone modici sunt, ac reverentes: sic nos decet apud vos Principes, & colore atque admirari magis, quam laudare* (Justo Lipsio *De Mag. Rom.*).[4] Neutral estaba entre tantos recelos cuando recuperado en la consideración, advertí que nunca caminaba más seguro que cuando fluctuaba por el inmenso piélago[5] de la benigna protección de vuestra majestad, por ser el puerto seguro donde, consagrada, halla reposo esta pequeña obra.

---

3. Sacra. Regia. Católica. Majestad.

4. Justo Lipsio, *Admiranda sive, De Magnitudine Romana libri Quattuor*. Dedicatoria y ofrenda de Justo Lipsio al serenísimo príncipe Alberto de Austria, hijo, nieto y hermano de emperador: "*Plura vellem: sed ut ii qui apud Deum verba faciunt, corpore, gestu, sermone modici sunt ac reverentes: sic nos decet apud vos Principes, et colere atque ADMIRARI magis, quam laudare.* Muchas son las cosas que deseo, pero al igual que aquellos que ruegan ante Dios se muestran moderados y reverentes en cuerpo, actitud y palabra; de igual modo, más conviene, ante vosotros, Príncipes, la actitud reverente y la ADMIRACIÓN, que dedicaros alabanzas". Texto y traducción tomados de Juan Ramón Ballesteros Sánchez, *Historia romana para tiempos modernos: los* Admiranda *de Justo Lipsio. Lo admirable o los cuatro libros sobre la grandeza romana de Justo Lipsio (Traducción castellana con texto latino y notas)*, tesis doctoral, Departamento de Filología española y sus didácticas, Universidad de Huelva, 2010, pp. 6-7, recuperado de <http://rabida.uhu.es/dspace/bitstream/handle/10272/2872/b15237084-1.pdf?sequence=1>. Justo Lipsio (1547-1606) fue un filólogo y humanista flamenco autor de numerosas obras eruditas que retomaban el estoicismo haciéndolo compatible con el cristianismo, dando lugar al movimiento llamado neoestoicismo. Una de las más importantes fue *De constantia*.

5. Lo que por su abundancia es dificultoso de enumerar y contar. *DRAE, s.v.* "Piélago".

Al rey, señor, es a quien se deben dirigir estos toscos rasgos que ofrece mi lealtad: *Dico ego opera mea Regi*,[6] para que con tal protección corran libres de anegarse en el Leteo[7] las festivas demonstraciones que manifestó (así en los reales consorcios del señor don Luis I, que de Dios goce, como en su regia coronación),[8] el conde de Santiago de la Laguna,[9] a cuya lealtad tanto rebosaba el alborozo que quiso se perpetuasen los motivos de tan plausible regocijo con un poético certamen, pareciéndole más digno de celebrarse en este modo que en otro, pues si los griegos celebraron así sus triunfos para indeleble memoria de lo futuro, ¿que mucho celebre así los que se nos prometieron en la feliz unión de las dos coronas [de] España y Francia por medio de los reales consorcios?

> *Ne ve operis famam possit delere vetustas*
> *Instituit sacros celeri Certamine ludos.* (Ovid.)[10]

No es menos proprio para elogiar supremas majestades usurpar mudas voces a las insensibles piedras, para que a los duros cincelados golpes publique su escultura en bien concertados caracteres retóricas regias aclamaciones; que si los sabios egipcios eternizaron encumbrados obeliscos, memorias de sus grandes príncipes, con más razón solicitó mi rendimiento en la coronación del señor don Luis I (que en

---

6. Yo dedico mis versos al rey. Salmos, 45 (44), 2: *Eructavit cor meum verbum bonum, dico ego opera mea regi. Lingua mea calamus scribae velociter scribentis.* Me brota del corazón un hermoso poema, yo dedico mis versos al rey: mi lengua es como la pluma de un hábil escribiente.

7. En la mitología griega es uno de los ríos del inframundo: el del olvido. En sus aguas las almas de los muertos olvidaban su vida terrestre.

8. La coronación de Luis I como rey de España tras la abdicación de su padre, Felipe V, fue en enero de 1724.

9. Se refiere a don José de Urquiola.

10. Con algunas variantes el pasaje corresponde a Ovidio, *Metamorfosis*, Libro I, vv. 445-447: *Neve operis famam posset delere vetustas,/ instituit sacros celebri certamine ludos,/ Pythia perdomitae serpentis nomine dictos.* "Y para que de esa obra la fama no pudiera destruir la antigüedad,/ instituyó, sagrados, de reiterado certamen, unos juegos,/ pitios, con el nombre de la domada serpiente llamados". Publio Ovidio Nasón, *Metamorfosis*, traducción de Ana Pérez Vega, [s/p], recuperado de Alicante, Biblioteca Virtual Miguel de Cervantes, 2002, <http://www.cervantesvirtual.com/nd/ark:/59851/bmccz361> y Biblioteca Virtual Universal, 2003, <http://www.biblioteca.org.ar/libros/89549.pdf>.

paz descanse) acordar a lo venidero glorias de tan dichoso siglo en el que erige mi lealtad, que no pudiendo comprimir en el pecho el júbilo de tan debido aplauso, sale a publicar en lenguas que rompió el buril[11] elogios dignos de perpetua memoria: *Eructavit cor meum verbum bonum*.[12]

Uno y otro, señor, sacrifica mi rendimiento a las soberanas aras de vuestra majestad buscando sombra que le patrocine; esta solicita mi encogimiento en la protección que impetra[13] de tan suprema majestad, para que con tan soberana recomendación se borren los yerros de mi ignorancia, los que suple mi fidelísima voluntad.

Guarde Dios la católica y real persona de vuestra majestad como la cristiandad ha menester. Zacatecas y julio 31 de 1727.

Se pone a los reales pies de vuestra majestad, el conde de Santiago de la Laguna [José de Rivera Bernárdez].

Licencia del superior gobierno

El excelentísimo señor don Juan de Acuña, marqués de Casa Fuerte, caballero del Orden de Santiago,[14] virrey, gobernador y capitán general de esta Nueva España, y presidente de su Real Audiencia, etc., concedió su licencia para la impresión de este certamen visto el parecer del muy reverendo padre fray Juan Antonio de Segura, del real y militar Orden de Nuestra Señora de la Merced,[15] comendador del Convento Grande de México, etc., como consta de su decreto de 24 de Mayo de 1727 años.

---

11. Instrumento de acero, puntiagudo, que sirve a los grabadores para abrir líneas en los metales. *DRAE*, *s.v.* "Buril". En este caso, en la piedra: en el obelisco que en 1724 se erigió en la ciudad de Zacatecas para celebrar la coronación de Luis I.

12. Me brota del corazón un hermoso poema. Cita otro verso del mismo pasaje de Salmos, 45 (44), 2: *Eructavit cor meum verbum bonum, dico ego opera mea regi. Lingua mea calamus scribae velociter scribentis.* Me brota del corazón un hermoso poema, yo dedico mis versos al rey: mi lengua es como la pluma de un hábil escribiente.

13. Solicitar una gracia con encarecimiento y ahínco. *DRAE*, *s.v.* "Impetrar".

14. Orden militar y religiosa, fundada en el reino de León en el siglo xii para proteger a los peregrinos en el Camino de Santiago y contribuir a la expulsión de los moros de la península ibérica.

15. Orden Real y Militar de Nuestra Señora de la Merced y la Redención de los Cautivos. La fundó san Pedro Nolasco en 1218 en el reino de Aragón para la redención de los cristianos cautivos por los musulmanes.

Licencia del ordinario

El señor doctor don Matías Navarro, abogado de la Real Audiencia de esta Nueva España, rector que fue del Real Colegio de Cristo señor nuestro, ordinario del Santo Oficio de la Inquisición[16] de este reino, cura proprio del sagrario de esta santa iglesia, juez provisor[17] y vicario general[18] de este arzobispado, etc., concedió su licencia para la impresión de este certamen visto el parecer del señor doctor don Juan Ignacio Castorena y Ursúa, chantre[19] de esta santa iglesia, etc., como consta por auto de 26 de mayo de 1727 años.

---

16. Obispo o persona que en su nombre asistía a sentenciar en definitiva las causas de los reos de fe. *DRAE*, *s.v.* "Inquisidor ordinario".

17. Juez diocesano nombrado por el obispo con quien constituye un mismo tribunal, y que tiene potestad ordinaria para ocuparse de causas eclesiásticas. *DRAE*, *s.v.* "Provisor".

18. Sacerdote nombrado por el obispo, que con potestad y jurisdicción ordinaria le ayuda en el gobierno de la diócesis. *DRAE*, *s.v.* "Vicario general".

19. Dignidad de las iglesias catedrales, a cuyo cargo estaba el gobierno del canto en el coro. *DRAE*, *s.v.* "Chantre".

+

Prólogo al lector

Ello es fuerza, lector grato o ingrato,
haber de prologar, porque es costumbre,
el prólogo en los libros; y yo trato
de no apartarme un tanto, ni por lumbre,[20]
de uso tan recibido[21] y tan barato,
que no se trae ninguna pesadumbre,
pues el que escribe de la deuda sale
de buen autor tan solo con un vale.

Grato o ingrato, advertirás, te digo,
y es porque en cuantos libros he topado,
veo no les vale el conciliar amigo
al que los lee, que siempre se han notado
cualesquier [*sic*] faltas que se traen consigo,
sin que contra este daño haya bastado
lo de *en vuestra piedad mi acierto fío*[22]
de todo prologuismo usado pío.[23]

Yo, pues, que a impulso que estorbar no puedo,
saco hoy a luz esta obra, sea cual fuere,
bien o mal, que te trate mi denuedo,
como juzgarla allá te pareciere,
de cualquier modo no te tengo miedo
ni habrá piedad que de tu pecho espere,
pues, si mal te parece, creo desde ahora
que ni la abona el prólogo ni empeora.

Bien que a sombra de tantos ingeniosos
agudos poëmas de los excelentes

---

20. "Ni por lumbre": frase que da a entender que no se ha de ejecutar alguna cosa. De ningún modo.

21. En el original: recebido.

22. Parece citar una sentencia de uso común mediante la cual los autores solicitan la caridad de sus lectores para disculpar sus fallas.

23. Benigno, blando, misericordioso, compasivo. *DRAE, s.v.* "Pío".

númenes[24] zacatecos[25] prodigiosos,
mis borrones serán muy diferentes
de lo que en sí prometen, que no ociosos
(porque su atrevimiento les descuentes),
te presentan en varios metros graves,
de Filipo y de Luis elogios suaves.

Cuya razón parece que me anima
a obedecer el superior mandato
que dar a luz este papel me intima,
y porque veas que nada te recato,[26]
(para que aún más en tu atención se imprima
que en blancas planas), de contarte trato,
ya que el asunto del festejo escribo,
del festejo al asunto el fiel motivo.

El invicto Filipo (a quien el cielo
prospere largos años generoso),
de Zacatecas, conociendo el celo
que siempre en su lealtad arde fogoso,
excitar pretendió su amante anhelo
dándole cuenta del tratado honroso
de los consorcios que entre España y Francia
de paces ofrecían feliz ganancia.

Esta, que a esmeros de su fe constante
siempre en reales aplausos se señala,
no sosegó ni aún el más leve instante
mientras de su fineza no hacía gala.
No se vio en ella alguno, que, no amante,
vea si a su afecto su aplaudir iguala,
émulos unos de otros sus vecinos,
en loores y en aplausos más que finos.

Vertía entre todos de lealtad volcanes
el conde, generoso, de Santiago
de la Laguna,[27] cuyos píos afanes

---

24. Ingenio o genio especial en alguna facultad o arte, atribuyéndola a la inspiración de alguna deidad. En el caso del numen poético, a las musas. *Aut.*, *s.v.* "Numen".

25. Zacatecanos, oriundos de Zacatecas.

26. Encubrir u ocultar lo que no se quiere que se vea o sepa. *DRAE, s.v.* "Recatar".

27. Se refiere, nuevamente, a don José de Urquiola.

no se rehusaban al más arduo amago;[28]
antes sí, opuesto a altivos huracanes,
no temió de la invidia el cruel estrago,
ideando aplausos por costosos modos
que algún lugar se hicieran entre todos.

Varios festejos, del caudal a expensas,
lucidos e ingeniosos disponía,
dignos cada uno de ocupar mil prensas
que inmemorable[29] hicieran su alegría,
estando a todos, con franqueza extensas,
sus liberales manos cada día,
de los que en ellos ocupó gustoso,
plausible, leal, afecto y generoso.

Fue entre ellos una poëtica palestra[30]
intento talentoso de su esmero,
por parecerle la más digna muestra
y el más festivo elogio vocinglero;[31]
y trasladar a la Castalia diestra
desde el bifronte[32] inmóvil y severo,

28. Es decir, que no se retiraba ante ninguna amenaza o, en este caso, retos u obstáculos.

29. De cuyo comienzo no hay memoria. *DRAE*, *s.v.* "Inmemorable".

30. El sitio o lugar donde se lucha, en el caso de los poetas, en el certamen literario donde contienden los ingenios. *DRAE*, *s.v.* "Palestra".

31. Que da muchas voces o habla muy recio. *DRAE*, *s.v.* "Vocinglero".

32. Se refiere quizá a la dualidad entre las cumbres del monte Parnaso y el monte Helicón, ambos situados en el centro de Grecia. En la mitología, el monte Helicón estaba consagrado a Apolo, considerado el dios protector de la poesía, y a las musas, así como también las fuentes Hipocrene y Agánipe que se ubicaban en sus faldas, por ello se creía que favorecían la inspiración poética a los que bebían de sus aguas. Según el mito, durante una competencia de canto entre las piérides y las musas, la belleza de las voces hizo crecer sin control el monte Helicón y, Poseidón, para evitarlo, ordenó a Pegaso que golpeara la montaña con sus cascos; al hacerlo brotó la fuente Hipocrene ("fuente del caballo"). Por su parte, el monte Parnaso se alza sobre la ciudad de Delfos, donde en la Antigüedad se ubicaba el templo dedicado a Apolo en el que estaba el famoso oráculo y donde fluía la fuente Castalia, que, por estar cercana al oráculo también favorecía la inspiración poética tanto a quien bebía sus aguas como a quien escuchaba su sonido. De acuerdo al mito, las musas establecieron su morada en el monte Parnaso al ser llamadas por Apolo. En la literatura española y novohispana de los Siglos de Oro, la referencia a estos dos montes, juntos o separados, y al monte Pindo, es un tópico que alude a la patria simbólica de la poesía. Respecto a la conceptualización del Parnaso en la literatura de los Siglos de Oro, véase: Víctor Infantes, "A

a los plateados altos obeliscos
de Zacatecas, encumbrados riscos.[33]
      Para este intento preceder[34] fuerza era
(como es costumbre en actos semejantes),
el aplazar[35] a justa tan parlera
de los ingenios métricos discantes,[36]
que fue del lucimiento la primera
expresión de deseos finos y amantes;
función que dio feliz principio a todo
dispuesta cuerdamente en este modo:
      Era de julio una serena tarde
fresca, a despecho de su ardor nativo,
que en ella el Sol se retiró cobarde,
el émulo temiendo,[37] tan activo,
triunfo de España, ventajoso alarde
del brillo, vago, rutilante y vivo,
que en discurrir el gran Filipo solo,
luce y anima más que el mismo Apolo.
      Cuando a la vista en orden se presenta
escuadra de campeones rutilantes
sobre animados vientos, bruta afrenta
de hipogrifos[38] mentidos, tan galantes,
que ya la gala en el jinete atenta,
el compás ya en los brutos arrogantes;
pareció que de Marte se ofuscaban
los lustres por Minerva, o se usurpaban.

---

las poéticas cumbres coronadas: la orogelatería impresa del Parnaso Áureo", *Bulletin Hispanique,* 109 (2007), nº 2, pp. 449-472, recuperado de <http://www.persee.fr/doc/hispa_0007-4640_2007_num_109_2_5298>.

33. El autor equipara —con las limitaciones del caso— los montes griegos a los que rodean la ciudad de Zacatecas.

34. Con el sentido de "empezar por", "ir delante con".

35. Dar a alguien un tiempo determinado para la ejecución de algo. *DRAE, s.v.* "Emplazar".

36. Especie de guitarra pequeña llamada también tiple. Concierto de música, especialmente de instrumentos de cuerda. *DRAE, s.v.* "Discante".

37. Es decir, equipara a Felipe V con el Sol, resultando este más brillante que el astro.

38. Animal fabuloso compuesto de caballo y grifo. *DRAE, s.v.* "Hipogrifo". Mitad águila y mitad león. *DRAE, s.v.* "Grifo".

Un bello joven (¡bien sea así le nombre!)
con el cartel tan diestro se acomoda,
que porque más a la atención asombre,
viendo el valor, que aun a la edad apoda,
entre lo Adonis, lo galán y lo hombre,
la gente que lo vio lo creyó toda [*sic*],
al ver su gala, brío y desembarazo,
al mismo Apolo sobre su Pegaso.

A la ciudad, así, dieron la vuelta,
y llegando a un dosel, a este fin puesto,
se colocó el cartel, y allí, disuelta
la compañía, ya todo bien dispuesto,
la gente que lograba la revuelta,
viendo el papel allí de manifiesto
de su curiosidad a la porfía,[39]
miró que su contexto así decía:

Cartel

Cuando festivos los cielos celebraron aquellas felices nupcias de las dos naturalezas, divina y humana, por medio de la unión hipostática,[40] parece que el modo más aceptable a su regocijo fue repartir por las etéreas[41] mansiones aquellos celestes paraninfos[42] o espirituales cisnes,[43] que publicaran a la tierra, en armónicas consonancias, la paz que resultaba a sus moradores y la gloria a su eterno monarca: *Facta est cum Angelo multitudo militiae caelestis cantantium, & dicentium: Gloria in excelsis Deo, & in terra pax hominibus, &c.* (Lucae 2, vv. 13-14).[44]

---

39. Con emulación y competencia. *DRAE, s.v.* "A porfía".

40. La unión de la naturaleza humana con el Verbo divino en una sola persona. *DRAE, s.v.* "Hipostática".

41. Vagas, sutiles, vaporosas. *DRAE, s.v.* "Etéreo".

42. Anunciadores de una felicidad. *DRAE, s.v.* "Paraninfo".

43. El autor alude a los poetas o músicos excelentes. El cisne era un animal dedicado a Apolo, dios que favorecía la poesía. En el Asia menor, en Lidia, había un río llamado Caystro (o Caístro), que desembocaba en el mar Egeo y que fue célebre entre los poetas que gustaban referir que en sus riberas se reunían gran cantidad de cisnes. *Edición crítica de las Rimas de Lope de Vega. Tomo II [Segunda parte]*, edición crítica y anotada de Felipe B. Pedraza Jiménez, Cuenca, Universidad de Castilla La Mancha, 1993, p. 88.

44. Lucas 2, 13-14: *Et subito facta est cum angelo multitudo militiae caelestis laudantium Deum et dicentium./ "Gloria in altissimis Deo, et super terram pax in hominibus*

Por eso, acertadamente, cuando el señor don José de Urquiola, conde de Santiago de la Laguna, coronel de infantería española y vecino y minero de esta noble y muy leal ciudad de Nuestra Señora de los Zacatecas (como tan leal vasallo de nuestro gran monarca y señor natural don Felipo V, que Dios guarde) intenta celebrar las reales nupcias de nuestros príncipes y señores, don Luis Fernando, príncipe de Asturias, con la serenísima señora doña Isabel, duquesa de Orleans, y [de] doña María Luisa Victoria,[45] duquesa de Montpensier,[46] con la majestad cristianísima del señor rey de Francia, quiere que sean poéticos encomios[47] los que anuncien a España las felicidades de paz que de tan acertada unión resultan a las dos coronas, prometida por su majestad en su real cédula,[48] dándole gracias para que las dé en nombre suyo y de todos al que de todo se le deben.

Sean, pues, museos[49] ingenios, aplauso de tanto regocijo por lo que tienen de angélicos o divinos en sentir de Ovidio: *At sacri vates, & Divum cura vocamur (Am.* Lib. 3, Eleg. 8).[50] A estos, pues, reta, para que aguzando[51] sus plumas en la delicada piedra de su numen, aparezcan animosos en la literaria palestra, que será el día 27 de septiembre, discurriendo animosos en alabanza de sus reyes por los seis asuntos siguientes:

---

bonae voluntatis". Y junto con el Ángel, apareció de pronto una multitud del ejército celestial, que alababa a Dios, diciendo:/ "¡Gloria a Dios en las alturas, y en la tierra, paz a los hombres amados por él".

45. Se aclaró en una nota previa que el matrimonio del que se habla aquí es el de Luis XV con María Ana (o Mariana) Victoria de Borbón y Farnesio, hija mayor de Felipe V, que nunca se llevó a cabo. Los autores de este libro cometen el error de suponer, primero, en el título, que la novia del rey de Francia era María Luisa Gabriela [de Saboya], y ahora doña María Luisa Victoria, duquesa de Montpensier. El ducado de Montpensier lo ostentaba Ana María Luisa de Orleans (1627-1693), prima hermana de Luis XIV, en una época muy anterior, y la infanta de España, María Luisa Fernanda de Borbón (1832-1897), hija de Fernando VII, lo ostentaría también muchos años después por matrimonio con Alonso de Orleans, duque de Montpensier.

46. En el original: Mompensier.

47. Alabanza esclarecida. *DRAE, s.v.* "Encomio".

48. Se trata de las cédulas ya citadas en una nota del Estudio introductorio de esta edición.

49. Utiliza esta palabra como adjetivo: los ingenios inspirados por las musas.

50. Y sin embargo nos consideran a los poetas sagrados los favoritos de los dioses. El pasaje proviene de Ovidio, *Amores*, libro II, elegía IX, v. 17.

51. Hacer o sacar punta a algo, o adelgazar la que ya tienen: afilando. Despabilar, afinar, forzar el entendimiento a un sentido para que preste más atención o se haga más perspicaz. *DRAE, s.v.* "Aguzar".

Asunto I

Fue el caduceo del sagaz Mercurio símbolo de la paz en sentir de Celio Rodiginio [en] *Lectionum antiquarum*[52] y según Plinio: *Signum pacis inter Graecos dictum caducaeum* (Lib. 21);[53] y siendo nuestro monarca Filipo V más prudente Mercurio, darán los ingenios parabienes a su majestad porque con el mejor caduceo de su prudencia ha sido móvil de estos casamientos, pronósticos de seguras paces, en cuatro dísticos acrósticos, sin dejar la combinación de la fábula con el suceso, y al fin vueltos en romance en cuatro redondillas. Las iniciales con estas letras: *PHILIPUS*.[54] Y las finales con estas: *V. REX VIVE*.

Asunto II

Pintaban los antiguos a Himeneo con una hacha encendida, símbolo del amor: *Per ignem amorem exprimi voluerunt* (Pierr. [Val. 1, 14),[55] y este de la paz: *Est autem pax tranquillitas animi maximè in*

52. Se refiere a la obra *Lectionum antiquarum libri triginta* de Celio Rodiginio (Caelius Rhodiginus): Ludovico Ricchieri (1469-1525), filólogo y humanista italiano. Fue impresa en Venecia, en 1516, en dieciséis tomos, y se reimprimió varias veces, ampliada durante los siglos XVI y XVII.

53. Entre los griegos, el dicho caduceo era un signo de paz. Aunque el autor cita a Plinio, no encontramos esta cita en sus obras. Una muy semejante aparece en griego en Polibio 3.52, y en la siguiente traducción: *Polybii et Appiani quae supersunt. Graece et latine cum indicibus. Tomus prius*, Liber III, LII, 3, Parisiis, Editore Ambrosio Firmin Didot, Instituti regii Francle Typographo; sumptibus et typis, MDCCCXXXIX: *Viae namque accolae, clam conspiratione facta, cum virentis olivae ramis et coronisfiunt illi obviam: fere enim ubique apud barbaros hoc pacis et amicitiae signum est, ut caduceus inter Graecos*, p. 154, consultado en <https://books.google.com.mx/books?id=fJkeV23RBSkC&pg=PA154&lpg=PA154&dq=%22ut+caduceus+inter+Graecos%22&source=bl&ots=teabhs3k1K&sig=6OL9hI7gF8Cd2DsRaqjJZJZMYJk&hl=es-419&sa=X&ved=0ahUKEwjb6biI0PHQAhVDyFQKHVH_BiAQ6AEIHTAB#v=onepage&q=%22ut%20caduceus%20inter%20Graecos%22&f=false>: *Viae namque accolae, clam conspiratione facta, cum virentis olivae ramis et coronisfiunt illi obviam: fere enim ubique apud barbaros hoc pacis et amicitiae signum est, ut caduceus inter Graecos*. Polibio (200-118 a.C.) fue un importante historiador griego y teórico de la historia. Fue autor de una extensa *Historia general* de la que solo se conservan algunos libros.

54. Este es el acróstico que es criticado más adelante por tener el nombre del rey una sola "p".

55. Ellos querían representar el amor por medio del fuego. El pasaje corresponde a *Hieroglyphica sive de sacris aegyptiorum literis commentarii* de Piero Valeriano,

voluntate;[56] en cuya consecuencia probarán los ingenios con seis o más versos de Virgilio, a la letra, que estos casamientos son anuncios de paz. Cada verso vendrá anotado con el número del libro a donde pertenece, y después con una o más octavas castellanas explicados.

ASUNTO III

Asentado que de los casamientos resultan paces, darán el parabién de uno y otro a los serenísimos príncipes en un laberinto acróstico por tres partes, con estas letras: VIVAN DON LUIS PRÍNCIPE DE ASTURIAS Y DOÑA MARÍA VICTORIA, REINA DE FRANCIA, MUCHOS AÑOS.[57] Las cuales, divididas en tres partes, componen seis coplas como esta:

Habla de principio a fin como verso de once sílabas	Desde aquí como verso de ocho			Y desde el último acróstico como verso de a seis
	Vnidos[58]------Tales------Ramos imperiales			
	Invictos-------Votos-----Eternizen fieles			
	Vrgentes------Rectos----Infiriendo triunfos			
	A tantos-------Iris-------Nobles, que numeren			

Va el asunto fácil y el asonante libre porque se hagan de modo que se lean de tres modos, y en cada uno diferente metro como el infrascripto.[59]

libro XLVI, Basileae, 1556, p. 342, recuperado de <https://archive.org/stream/desacrisaegyptio00vale#page/n685/mode/2up>. Piero Valeriano (1477-1558) fue un humanista italiano. Sus *Hieroglyphica*, una especie de diccionario de símbolos, continúa la tradición emblemática de las obras de Horapolo (1505) y Alciato (1531) y fue reimpresa y traducida muchas veces durante el siglo XVII.

56. En cambio, la paz es la tranquilidad del alma, principalmente en la voluntad. No encontramos la cita exacta, aunque hay una muy parecida en santo Tomás, *Catena aurea*, Io., 14, 7; 86: *Est autem pax serenitas mentis, tranquillitas animi, simplicitas cordis, amoris vinculum, consortium caritatis*. Sin embargo, la paz es la serenidad de la mente, la tranquilidad del ánimo, la simplicidad del corazón, el vínculo del amor, el consorcio de la caridad.

57. En las palabras "Asturias", "Victoria" y "años" aparecen tres llamadas consecutivas a notas, pero estas no se encuentran en ninguna parte del libro. Las omitimos.

58. En los versos en español, cuando fue necesario respetar los acrósticos, mantuvimos la ortografía del original.

59. En el original: infraescripto. En realidad se refiere a lo ejemplificado *antes*.

Asunto IV

Es el laurel símbolo de la paz: *Venit Apollinea, longas concordia lauro, Nexa comas* (Ovi. *Fast*. 6).[60] Consiguió Apolo por la esquivez de Dafne, laurel; y nuestro príncipe y señor, al contrario, por el amor de su esposa, consiguió otro. La diferencia entre *laurel* y *laurel* explicarán las eruditas musas en cinco décimas glosando esta quintilla:

> A Apolo dio Dafne el
> laurel fiel, en nada igual
> al que Isabel da; que aquel
> fue de esquivez, y este es tal,
> que es de fineza laurel.

Asunto V

Siendo lo que mueve a nuestro católico monarca en esta unión aquella máxima sagrada: *Et sedebit populus meus in pulchritudine pacis, in tabernaculis fidutiae, et in requie opulenta*,[61] es asentado se le deben a España y a sus dominios los parabienes; estos se les darán por los ingenios en seis quintillas retrógradas por tres partes, en este modo:

[De derecha a izquierda, y de arriba abajo]

> España-triunfos-corona
> uniendo-voces-festivas,
> saña-a la envidia-pregona,

---

60. "Llegó la Concordia, con sus largos cabellos trenzados con el laurel de Apolo". La cita es de Ovidio, *Fastos*, VI. La traducción está tomada de *Fastos Libro VI. V. y VI. Le comenta, e ilustra el Doctor Don Diego Suárez de Figueroa, Capellán de Honor de su Magestad, su Teniente de Limosnero Mayor, y Calificador del Santo Oficio, etc. Tomo Duodecimo*, con licencia, Madrid, en la Imprenta de los Herederos de Francisco de el Hierro, 1738, p. 97.

61. El pasaje correponde a las *Enarraciones* de san Alberto Magno, *In XII prophetas minores luculentissimae quaedam Enarrationes. In quibus Albertus Ipse, sacra dutaxat sacris exponens, multa paucissimis elucidat at declarant*, Colonia, s/i, 1536, p. XIV, "Zach prophetae enarratio", fol. 133.

viendo-nupciales-olivas,
campaña-de-paz-abona.

Vuelve I

Campaña-de-paz-abona
viendo-nupciales-olivas,
saña-a la-envidia-pregona,
uniendo-voces-festivas,
España-triunfos-corona.

Vuelve II

Corona-triunfos-España
festivas-voces-uniendo,
pregona-envidia-a la-saña,
olivas-nupciales-viendo
abona-paz-de-campaña.

Vuelve III

Abona-paz-de-campaña
olivas-nupciales-viendo,
pregona-envidia-a la-saña,
festivas-voces-uniendo,
corona-triunfos-España.

Asunto VI

Queriendo los titanes perturbar la paz del cielo derribando a Júpiter de su solio,[62] se unieron contra ellos los demás dioses y quedaron burlados y castigados, para cuya confederación pusieron por testigos

---

62. Trono. *DRAE, s.v.* "Solio".

cuatro estrellas.[63] Cuatro son los príncipes ilustres[64] que se ponen por testigos de las uniones entre Francia y España contra los infieles y traidores que con temerario intento han querido perturbar las paces y derribar al mejor Júpiter Filipo de su solio, por cuya causa han quedado, como los titanes, burlados. Con la fábula se les dará un vejamen en un romance del asonante que quisieren, que no pase de doce coplas con paranomasias.

LEYES

I

Que se tenga cuidado en enviar los poemas en dos papeles cerrados y sellados igualmente, uno firmado y otro sin firmar, y diga el sobre escrito tal cuál es el firmado y cuál el sin firma.

II

Que el día 28 de agosto estén los versos en casa del señor conde de Santiago de la Laguna o en casa del secretario. En lo demás, se observará lo que es costumbre.

63. Los titanes eran dioses de la edad de oro anterior a la de los dioses olímpicos. Fueron hijos de Urano y Gea. Urano gobernaba el mundo manteniendo a sus hijos encerrados en el Tártaro hasta que Cronos lo destronó, lo castró, y liberó a sus hermanos. Cronos se casó con su hermana Rea y engendró a una nueva generación de titanes, pero en cuanto nacían los devoraba por temor a que lo destronaran; Rea logró salvar a Zeus, quien encabezó una guerra contra su padre, hasta que lo venció, lo obligó a vomitar a sus hermanos y lo exilió. La única referencia que encontramos respecto a las estrellas es la siguiente cita: "Júpiter, tras vencer a los Titanes, se hizo con el poder. Cubrió los huesos de la cabra [Amaltea, su nodriza] con una piel de cabra, le dio vida y la representó con estrellas, encomendándola al recuerdo". Cayo Julio Higinio, *Fábulas. Astronomía*, edición de Guadalupe Morcillo Expósito, Madrid, Akal Clásica, 2008, p. 261, consultado en <https://books.google.com.mx/books?id=NYSe4pTvLpkC&pg=PA261&lpg=PA261&dq=Titanes,+Júpiter,+4+estrellas&source=bl&ots=U4qqG5TezA&sig=T2UMlt3byUMIbYFd0QFwAAxoOcE&hl=es-419&sa=X&ved=0ahUKEwiV49CzwIfYAhVMxCYKHcKHDYoQ6AEIXDAL#v=onepage&q&f=false>.

64. Es posible que se refiera o a los cuatro nobles que contraerían los dos concertados matrimonios, o quizá a los personajes ilustres que servirían de testigos —o padrinos— de los mismos, y a quienes no pudimos identificar.

Jueces de la justa

1. El señor conde don José de Urquiola.
2. El señor coronel de infantería española y alcalde ordinario de esta ciudad, don José de Rivera Bernárdez.
3. El señor tesorero de la Santa Cruzada y también alcalde ordinario, don Juan Hurtado de Mendoza.

Fiscal el señor don Diego García de Argüelles
Secretario el bachiller don José de Aguirre Villar

Fin del cartel
[viñeta]

[Continúa el Prólogo]

> Este, pues, incentivo
> del furor apolíneo,[65] siempre activo,
> añadido al afecto
> que colora[66] en los lienzos del respecto
> el bello maridaje
> del altivo amor y humilde vasallaje,
> que en los zacatecanos
> se unen amigos, se parían[67] hermanos,
> hizo que al Pindo,[68] por mentales vuelos,
> se trasladaran tanto sus anhelos,
> que del raudal sonante
> su hidropesía incesante

65. Que posee las cualidades de serenidad y equilibrio atribuidas a Apolo, en contraposición a lo dionisíaco. *DRAE*, *s.v.* "Apolíneo".

66. Dar color. *DRAE*, *s.v.* "Colorar".

67. Parir. *DRAE*, *s.v.* "Parir". Es decir, amor y vasallaje se reconocen como hermanos, paridos por la misma madre.

68. Macizo montañoso del norte de Grecia. En una nota anterior se refirió la relación que este monte tiene con los montes Helicón y Parnaso como patrias simbólicas de la inspiración poética.

bebió con tales ganas,
que recelaron sed
las nueve hermanas.[69]
   Así pues se empeñaban,
mientras otros festejos lugar daban
a las admiraciones
del oído y de la vista en diversiones,
ya en máscaras, ya en carros,[70] ya en paseos,
de la opulencia clásicos trofeos,
que, a querer referirlos,
sin ponderarlos, solo con decirlos,
por más que siempre ufanas
esas azules diamantinas planas
de inmensidad blasonen,
cuaderno[71] no componen
en que el buril más suave
el menor de ellas en su esfera grabe.
   Solo del de Santiago[72]
cualquier festivo amago
de Roma obscurecía
el más famoso; dígalo el del día
que, equivocando al cielo,
ondas formó del zacateco suelo

69. Por "raudal sonante" debe entenderse la fuente Castálida o la Hipocrene, de las que ya hablamos en otra nota, y así como el que padece de hidropesía mientras más bebe padece más sed, así los poetas zacatecanos bebieron tanto de sus aguas que dejaron sedientas y faltas de inspiración a las musas. Aunque hay variadas versiones sobre sus orígenes y número, usualmente se reconocen las siguientes musas: Calíope, de la elocuencia, la belleza y la poesía épica; Clío de la historia, Erato de la poesía amorosa, Melpómene de la tragedia, Polimnia de la poesía sacra, Talía de la comedia y la poesía bucólica, Terpsícore de la danza y la poesía coral, y Urania de la astronomía y la poesía didáctica.

70. Se refiere a desfiles con disfraces y carros alegóricos.

71. En otras obras de la época el término "cuaderno" se refiere al cielo, por lo que, en este caso, una interpretación posible de este pasaje sería que, haciendo un símil con la inmensidad del cielo, el autor señala, hiperbólicamente y mediante un juego de palabras, que hubo tantas diversiones que, para enumerarlas, se necesitaría, más que unas planas, un *cuaderno*.

72. Se refiere al conde de Santiago de la Laguna, patrocinador del evento, don José de Urquiola.

en que un monstruo de pino,[73]
sin mendigarle movimiento al lino,[74]
surcó con nuevo arte
de toda la ciudad la mayor parte;
tan costoso, tan proprio, tan lucido,
tan veloz, arrogante y tan erguido,
que aun el mismo Neptuno,
envidioso, importuno
al cielo se quejaba
de que la tierra naves abarcaba.
     Guiaba con gentileza
el triunfal carro toda la nobleza,
con tantas galas, que el mirarlos era
veer variedad de errante primavera.
Seguíanla, enmascarados,
la multitud que tiene asalariados
de sus minas, obreros;
todos gustosos, todos vocingleros,
con ideas diferentes
en trajes varios de distintas gentes;
y en fin, aqueste día
tal era la alegría,
que muertos los deseos
vieron lograr pensílicos hibleos.[75]
     O del templo lo diga,
siempre ejemplar de una piadosa viga
la función tan costosa,
conque gracias a Dios dio fervorosa
su devoción activa,
donde, más que ascua viva
ardía en su pecho amante
la fe, con que constante

---

73. Se trata de una sinécdoque, de tal modo que se toma el material: el pino, por el objeto hecho de ese material: un barco. Es decir, un carro alegórico con forma de barco.

74. Es otra sinécdoque: se menciona el lino para referirse al velamen del navío, elaborado con dicho material.

75. Jardín delicioso. *DRAE, s.v.* "Pensil". Perteneciente o relativo a Hibla, monte y ciudad de la Sicilia antigua, famosos por su miel. *DRAE, s.v.* "Hibleo".

al cielo le pedía
por el aumento[76] de la monarquía,
precediendo a ella en fuegos y candiles,
si liberales gastos, no civiles,
porque de su franqueza
cortedad juzga la mayor largueza.

    Publíquenlo severas
dentro del circo las treinta y dos fieras,
que en un día se lidiaron,[77]
a los que les miraron
dando gusto y espanto
de su valor con singular quebranto;
ya en los toros feroces
que en bramidos y voces
cobraban la requesta[78]
de su indomable destrozada testa;
ya en cíbolos[79] valientes,
que regionales monstruos eminentes
con erguidas cervices,[80]
el color sin matices,
ser cada uno es notorio
irracional lanudo promontorio,
abultado coraje,
de los montes horror, toro salvaje.

    Mas, ¿para qué me canso
en referirte lo que bien no alcanzo?
No siendo de mi intento
sino es contarte el superior contento
con que los cisnes sabios,
de otros antiguos émulos y agravios,
el humor agotaron

---

76. En el original: augmento.
77. Al parecer, como parte de las festividades hubo también corridas de toros.
78. Demanda o petición. *Aut., s.v.* "Requesta".
79. Bisontes. *DRAE, s.v.* "Cíbolo".
80. La parte posterior del cuello. *DRAE, s.v.* "Cerviz".

de Hipocrene,[81] y hablaron
ebrios de sus cristales
tales elogios, en conceptos tales,
como verás, curioso,
si el papel leyeres; aunque ansioso
sincopa[82] sea el estilo,
que corte de tu gusto el cuerdo hilo.
      Y pues que ya te he dicho,
por uso, por costumbre o por capricho
el motivo del hecho,
de ello quedes o no bien satisfecho,
o me culpes o no, piadoso o recto,
o te parezca bueno o imperfecto,
ya cumplí con mi oficio,
y por eso en tu juicio
no querré poner meta.
La narración, discreta o indiscreta,
a tu censura sale.
No vale la murmures, sino, ¡vale!

Fin
[viñeta]

81. El poema explica cómo los poetas zacatecanos [los cisnes de Apolo] acabaron con el agua [los humores] de la fuente Hipocrene para inspirarse. Ya comentamos en una nota anterior el mito sobre el origen de esta fuente.

82. El autor parece referirse, por un lado, al estilo abreviado de la relación de los sucesos que describe; sin embargo, por otro, al estar hablando de la inspiración que los poetas bebieron de la fuente Hipocrene, podría tratarse también de un juego de palabras: mientras que los poetas, ebrios de inspiración pudieron componer grandes elogios, él se reconoce "sin copa", es decir, sobrio y carente de estro poético.

Introducción
que hace el secretario del certamen

[Preámbulo]

¡Quién me viera a mis solas... cuando (aun todavía con el escozor[83] del carácter de secretario que me había pegado el fierro ardiente de un precepto, calentado en la fragua del agradecimiento donde ardían voraces muchas obligaciones), tan sumergido en el grandioso piélago de mi ignorancia y tan combatido de las terribles olas del qué dirán, buscaba en el almacén de mi memoria lienzo de qué cortar materia que, vistiendo mi insuficiencia, disimulara mi atrevimiento y diera alusión a mi desempeño![84]

¡Quién me viera —digo otra vez— abrir la puerta a la tienda de mi comprehensión donde son las *especies géneros*[85] *para hacer balance* y registrar uno por uno los que pudieran aprovechar en este empeño, y después de haber gastado uno y muchos días en *recorrer* lo que otro poeta, a carrera de Pegaso, podía *balancear*; averiguar con grave desconsuelo que todos los cajones estaban llenos de retazos desiguales, apolillados y pequeños, tanto, que no digo yo fueran suficientes a engalanar un certamen, pero ni había con todos ellos bastante para hacerle una montera[86] a la musa más enana, ni creo que lo consiguiera el mejor remendón entre los versistas! ¿Cómo, pues, se lastimaría de mí quién me viera en esta confusión? ¿Y cómo se suscitaría en mí la envidia de tantos y tan ricos hombres como en esta ciudad hay que tienen a bodegas las telas de las mejores erudiciones, pues parecen *encomenderos* de Minerva, y a quienes a todas horas les entran las *memorias* de los Ovidios, los *fardos* de los Sénecas, las *flotas* de los Marones

83. Sentimiento causado por una pena o desazón. *DRAE, s.v.* "Escozor".

84. A lo largo del texto el narrador va creando imágenes a partir de analogías con los objetos o actividades de distintas profesiones u oficios. En este caso, se propone a sí mismo como un comerciante de géneros.

85. El secretario hace uso de las cursivas para resaltar juegos de palabras, alusiones y reformulación de refranes, sentencias y máximas. Solo las omitimos cuando las usa para referirse a las personas motivo de este homenaje o a los poetas ganadores que, con imágenes de animales, van siendo premiados y burlados en el vejamen.

86. Cobertura para la cabeza con un casquete redondo cortado en cuatro cascos que se unen y cosen con una vuelta o caída para cubrir la frente y las orejas. *Aut., s.v.* "Montera".

y, en fin, despachos cuantiosos de los Claudianos, Estrabones, Celios, Claudios, Alciatos[87] y otros infinitos?

¡Estos sí, decía yo, que como hombres *acomodados* pudieran ser *acomodadores* de delicadas ideas! ¡Estos sí, y no yo, desdichado de mí, que apenas tengo para el gasto de mis coplones[88] las especies que pueden ministrar cuatro mal entendidas comedias,[89] que a fuerza de *pasos*[90] de mi inclinación ha conseguido que lea la flojedad de mi insuficiencia! ¡Estos sí, que como tan eruditos en divinas y humanas letras eran capaces a [*sic*] desempeñar una función de tanto peso, y no yo, que en la cartilla de la poesía no bien he querido entender el *B a n Ban* [*sic*], cuando se me ha antepuesto la *modorra* y me he quedado sin hacer tilde por no haber podido pasar de la *R*![91] ¿Cómo podré (¡poeta de mí!) hablar en una función que resulta no menos que en alabanza de las católicas majestades, en cuyo asunto no fueran competentes los Catones, Horacios, Propercios, Tíbulos ni Cicerones,[92] aunque fatigando sus plumas a sudores de su elocuencia grabaran todo ese azul celestial cuaderno? Si aunque quisiera valerme de ellos tengo tan poco crédito y los he tratado tan nada[93] que no tendrán confianza de mi

87. Se refiere al geógrafo griego Estrabón (ca. 64 o 63 a.C.-ca. 19 o 24 a.C.); al historiador, político y luego emperador Tiberio Claudio César Augusto Germánico (10 a.C.-54 d.C.), al también político romano Marco Celio Rufo (82 a.C.-48 a.C), a los poetas latinos Publio Ovidio Nasón (43 a.C.-17 d.C.), Publio Virgilio Maron (70 a.C.-19 a.C.) y Claudio Claudiano (ca. 370-ca. 405), al filósofo Lucio Aneo Séneca (4 a.C.-65 d.C.); y al jurisconsulto renacentista considerado padre de la emblemática, Andrea Alciato (1492-1550).

88. Copla vulgar, sin concepto ni arte. *Aut.*, *s.v.* "Coplón".

89. ¿Podría estar sugiriendo el secretario que era autor de cuatro comedias? Con tan pocos datos sobre su persona es imposible constatarlo.

90. Este término puede referirse a varias cosas: piezas dramáticas breves; la licencia para transferir a otro la gracia, merced, empleo o dignidad que alguien tiene; el trance de muerte o de un grave conflicto; la cláusula o pasaje de un libro escrito, etcétera. *DRAE*, *s.v.* "Paso". Probablemente el autor, que parece admitir que ha escrito comedias, utilice esta palabra con doble o triple sentido.

91. B a n Ban: probablemente se refiera al método mediante silabarios para enseñar a leer y escribir a través de cartillas. Modorra: letargo, somnolencia, sopor profundo. *DRAE*, *s.v.* "Modorra". Tilde: cosa mínima. *DRAE*, *s.v.* "Tilde". R: en el sistema educativo virreinal, como ahora, se usaba para significar reprobación.

92. Se refiere a los poetas latinos Valerio Catón (84-54 a.C.), Quinto Horacio Flaco (65-8 a.C.), Sexto Propercio (47-15 a.C.) y Albio Tíbulo (54-19 a.C.), y al político, filósofo y orador romano Marco Tulio Cicerón (106-43 a.C.).

93. Este comentario puede tener dos interpretaciones: por un lado una expresión de falsa modestia, pero por el otro, la admisión de que no conoce las obras de estos

correspondencia. Aquí, aquí, exclamaba diciendo: *Grandius humanis viribus vrget onus.* (Petrus Fer. Lalard. [*sic*] In Proëmio)[94]

[Relato de la experiencia onírica y/o visionaria]

Así naufragaba en las tormentosas borrascas de mi confusión, a que acrecentaba huracanes el consejo de Horacio *sumite, &c.*,[95] cuando una tarde que considerando cuán breve plazo tenía para mi empeño, y que este cada día era menos, abrí accidentalmente un libro, o bien para que divirtiera mi melancólica desconfianza o bien para que entre sus hojas sepultara mi mal entendida insuficiencia, y encontré en él unos versos de Claudiano que descubrieron algún resquicio de disculpa a mi osadía, y un santelmo[96] total a mi ignorancia:

Transfluxere dies, & dum scripsisse priorem
Poenitet, aeternas itur in usque moras;
Sed quid agam: Coepisse vetat reverantia vestri:
Hinc amor hortatur scribere; vincat amor.[97]

autores de primera mano, sino a través de fuentes indirectas, como ya hemos señalado en el estudio introductorio de esta edición.

94. Exige una carga mayor que las fuerzas humanas. Encontramos este pasaje en la elegía *Ad ilustrissimum Dominum D. Antonuum Ab Cordua, Submagistrum Equitum, &c*, de Petrus Ferdinandus Galardi, en las páginas preliminares al libro *Las poesias famosas y comedias de Don Migvel de Barrios, segunda reimpression enriquescida con lindissimas Estampas* [s/p] v. 6. En la referencia hay una errata. Dice: Lalard. Debería decir: Galard.

95. Tomen ustedes... Horacio, *Arte poética*, vv. 38-41: *sumite materiam vestris, qui scribitis, aequam/ viribus et versate diu, quid ferre recusent,/ quid valeant umeri. Cui lecta potenter erit res,/ nec facundia deseret hunc nec lucidus ordo.* "Tome el que escribe, asunto que no sea/ Superior a sus fuerzas: reflexione/ Quál es la carga que en sus hombros pone,/ Y si pueden con ella, ó los abruma:/ Piénselo bien; y en suma,/ Quien elige argumento/ Adequado á su genio y su talento,/ Hallará sin violencia/ Método perceptible y eloqüencia". *El Arte poetica de Horacio ó Epistola a los pisones, traducida en verso castellano por D. Tomas de Yriarte*, Madrid, en la Imprenta Real de la Gazeta, Madrid, 1777, p. 8, recuperado de <http://www.traduccionliteraria.org/biblib/H/H101.pdf>.

96. Salvador, favorecedor en algún apuro. *DRAE, s.v.* "Santelmo".

97. Los días transcurrieron y mientras me arrepiento de ser el primero en haber escrito, [esta situación] es llevada hasta eternas demoras; pero, ¿qué puedo hacer?: el respeto prohíbe que comience; el amor me exhorta a que escriba, ¡que venza el amor!. El pasaje, con ligeras variantes, es el siguiente: *Transfluxere dies, et dum scripsisse priorem/ Poenitet aeternas itur in usqye moras./ Sed quid agam? Coepisse vetat reverentia*

> Con uno y con otro punto
> el tiempo se va en efecto,
> y el *asunto* y el respecto
> dan a mi temor *asunto*.
>   Venza, pues, a tal conjunto,
> el amor que al pecho inflama,
> y rompa mi dura trama
> el impulso que le hiere,
> que no yerra porque *quiere*
> el que yerra porque ama.

De que yo leí estos versos, tomo, ¿y qué hago? Con un ánimo musal,[98] aunque como poeta desalmado,[99] sin pasarme ya los pensamientos antecedentes ni por el *pienso*,[100] empecé a sacudir algunos libros y a componer un mal tintero con sus plumas y toda la demás herramienta de la secretaría, muy agavillado[101] a lo del respecto y muy revestido de lo de *ello es fuerza*, bien que para bien hacer antes de meter verso ni llegar aun a empuñar la pluma (como otros más entonados poetas, aunque en esto no más acertados, invocan a Apolo), invoqué yo al mejor Apolo Filipo, con la de Ovidio en el primero de sus *Faustos* [*sic*]:

Accipe pacato Caesar Hispanice vultu
Hoc opus, & timidae dirige navis iter. (Lib. 1. Fast.)[102]

---

vestri./ Hinc amor hortatur scribere; vincat amor. Claudiano, XLII, ep. IV, *Ad Probinum, ut scribat*, vv. 5-8, pp. 316-317, en *Claudii Claudiani. Opera Omnia ex optimis codicibus et editionibus cum varietate lectionum selectis omnium notis et indice rerum ac verborum universo recensuit N.L. Artaud in Collegio Ludovici Magni Humaniorum Literrum, volumen posterius.*

98. Es decir, inspirado por las musas.

99. Sin alma. Privado o falto de espíritu, en este caso, poético. *DRAE, s.v.* "Desalmado".

100. Pondera algo que ha estado tan lejos de suceder o ejecutarse, que ni aun se ha ofrecido en el pensamiento. *DRAE, s.v.* "Ni por pienso".

101. Recoger cosas formando gavillas (grupos, conjuntos). *DRAE, s.v.* "Agavillar".

102. "¡Oh César Hispánico! Recibe esta obra con semblante apacible y dirige el camino de mi tímida nave". Ovidio, *Fastos* I, vv. 3-4. En el original: *Exipe pacato, Caesar Germanice, vultu/ Hoc opus: & timidae dirige navis iter.* La traducción tomada de P. Ovidio Nasón. *Fastos Libro I. II y III. Le comenta, e ilustra el Doctor Don Diego Suárez de Figueroa, Capellán de Honor de su Magestad, su Theniente de Limosnero*

César a quien fiel se humilla
mi fe y lealtad amorosa,
recibe esta obra sencilla,
y sea tu mira afectuosa
el norte de mi barquilla.

Y luego confiando el acierto de la estructura de la víctima en la lealtad de quien la sacrifica, quiero decir que esperando tenga esta obra de buena lo que tiene de ser obsequio del señor conde de Santiago de la Laguna, coronel de infantería española don José de Urquiola, como que su sombra ha de ser la que dé alguna alma a los mal apincelados [*sic*][103] bosquejos de este lienzo, sufriendo su señoría el intolerable peso del desempeño, que a no ser por su ayuda agobiara mis debilitados miembros, le dije:

Herculeo tu more humeros suppone labori
Et validam fessis viribus affer opem.[104]

A la carga el hombro alarga,
noble conde, que con eso,

Mayor, y Calificador del Santo Oficio, etc., Tomo Undécimo, con licencia, Madrid, en la Imprenta de los Herederos de Francisco de el Hierro, 1738, pp. 2-3.

103. Pintar con pincel. *DRAE, s.v.* "Pincelar".

104. Es costumbre relacionar los hombros con el trabajo hercúleo [de Hércules], y a las fatigadas fuerzas es válido proporcionar ayuda. Con ligeras variantes, encontramos este pasaje en un epigrama dedicado al cardenal Carlos Borromeo firmado por Jerónimo Amalteo (1507-1574, médico y filósofo de Padua): *Ad Carolo Borromaeum Cardinalem Immensi dum molem orbis, celsi instar Atlantis,/ In Vaticana sustinet arce Pius,/ Herculeo tu more humeros suppone labori,/ Et validis fesso viribus affer opem./ Magne heros, assuesce oneri juvenilibus annis,/ Longaevo imponent quod tibi fata seni.* Hieronimy Amalthei. *Anthologia Epigrammatvm Latinorvm Recentioris Aevi. Collegit et edidit Antonivs Stein, Vindobonae Apud Antonivm Doll*, 1816, pp. 16-17. También se puede ver en Eugenio Asencio, "Reloj de arena y amor en una poesía de Quevedo (Fuentes italianas y derivaciones españolas)", en *De fray Luis de León a Quevedo y otros estudios sobre retórica, poética y humanismo*, Salamanca, Universidad de Salamanca, (Estudios filológicos, 290), 2005, pp. 192-193, consultado en <https://books.google.com.mx/books?id=b3x49Y4ee2EC&pg=PA325&lpg=PA325&dq=Jerónimo+amalteo&source=bl&ots=v4wjygjVOM&sig=VhrEuouzozU7zq6Tvi-0hjLCtQA&hl=es&sa=X&ved=0ahUKEwiB2bjswLjKAhXHsIMKHZ1nCpMQ6AEILTAE#v=onepage&q=Jerónimo%20amalteo&f=true>.

si tú sostienes[105] el peso
no temeré yo la carga.

No bien hube acabado estas preparaciones cuando pareciéndome que ya era tiempo de dar principio a mi obra me senté en una débil silla, y queriendo coger la pluma (si ustedes no lo han [*sic*] por enojo), estando en mi entero y cabal juicio (si es que yo lo he tenido alguna vez), despierto y en toda forma de juzgar, veo que se me entra por la puerta una boca abierta en señal de bostezar, a que venía pegada la figura de un fauno cobijada con una cobertera[106] negra, con los ojos cerrados, tan lacia [y] tan desvaída[107] que cada acción suya era un esperezo;[108] toda oliendo a adormideras, a opio y a beleño.[109]

A taparme iba yo los ojos por no ver tan monstruosa figura, cuando él, con unos pasos muy tardos,[110] se llegó a mí, y asiéndome de la mano izquierda, con increíble fuerza me levantó de la silla y me llevó para la cama, en donde, tirándose, quería a pura fuerza que yo hiciera lo mismo. Forcejeamos un rato, yo a resistirme y él a quererme acostar, hasta que quizá, cansado, sin desasirme de la mano, no habiendo hablado en todo este tiempo alguna palabra por no dejar de bostezar, se quedó *suspenso* y *abriendo tanta boca.*

Yo, que le iba a decir aquel aviso que se les da a los que bostezan de *póngase una tranca en ese corral,* y con la mano derecha a ponérsela, cuando quizá con el susto cerró la boca, y abriendo un tanto los ojos a pesar de las lagañas, dio lugar a que yo le viera bien las señas del semblante, que hasta entonces, por estar todas tras de los labios, no se las había podido brujulear,[111] y aunque en un abrir y cerrar de ojos mudó distantísimas [*sic*][112] figuras,[113] ya de alegría, ya de tristeza, ya

---

105. En el original: sobstienes.

106. Especie de plato llano, de hierro, cobre o tierra de forma generalmente circular, y con un asa o botón en medio, que sirve para tapar las ollas o para otros usos. Por extensión se aplica para la cubierta de cualquier cosa. *DRAE, s.v.* "Cobertera".

107. Débil, sin fuerza, sin vigor. *DRAE, s.v.* "Desvaído".

108. Acción de esperezarse. Esperezar. Desperezar. *DRAE, s.v.* "Esperezar".

109. Las tres plantas mencionadas tienen propiedades narcóticas.

110. Lentos. *DRAE, s.v.* "Tardo".

111. Descubrir por indicios y conjeturas algún suceso o negocio que se está tratando. *DRAE, s.v.* "Brujulear".

112. Con el sentido de distintas.

113. Con el sentido de expresiones, de cambio de expresión en el rostro.

de apacibilidad, ya de ira, ya de compasión, ya sañuda y otras muchas, dije entre mí:

—O yo no soy buen adivinador de marañas[114] o este es el señor Morfeo, que por las señas cualquiera a ojos cerrados lo ha de conocer, y si no pregúntenselo a Ovidio en el II Libro de sus *Metamorfoseos*, ahí está, que descubrirá mi mentira, óiganlo:

> *At medio torus est heveno, sublimis in antro*
> *Plumeus vnicolor pullo velamine tectus*
> *Quo cubat ipse Deus, membris languore solutis;*
> *Hinc, circa passim varias imitantia formas*
> *Sommia vana iacent...*[115]

—Pues no, yo bien lo conozco —dije—, porque estoy despierto, y para mí todas sus formas me representan una sola figura, solo en lo de la cama de plumas está al presente discorde, porque la mía es de lana y no alta, sino bien baja y extenuada, como también en lo de un color, que mi colchón puede pasar plaza[116] de pía[117] o de tigre por lo remendado, pero plumas más a menos él es, y no hay que dudar.

No bien me acabé yo de cerciorar en ser Morfeo el que me tenía agarrado, cuando sacando él de allá de lo más profundo de sus calabozos[118] unas como voces que sonaban a ronquidos, me dijo:

—¡Ven acá retazo de poeta, cuchara de Apolo, metemuertos del Parnaso!, ¿quién te ha metido en secretario de un certamen si en

---

114. Situación o asunto intrincado o de difícil salida. *DRAE, s.v.* "Maraña".

115. En medio del antro hay un diván de ébano, sublime,/ de plumas, negricolor, tendido con un cobertor de endrino,/ en donde reposa el propio dios con sus miembros relajados por la languidez./ A su alrededor, por todas partes, imitando varias formas,/ yacen los sueños vanos… Ovidio, *Metamorfosis*, XI, 610-614. En Ovidio algunas palabras están escritas en forma diferente: *ebeno, atra* y *hunc*.

116. Fama u opinión. *DRAE, s.v.* "Pasar plaza de".

117. El caballo o yegua cuya piel es manchada de varios colores, como a remiendos. *DRAE, s.v.* "Pía".

118. Lugar subterráneo, oscuro y lóbrego donde se encierra a los presos por delitos graves. *DRAE, s.v.* "Calabozo". Por analogía, la garganta o el pecho cavernoso de Morfeo.

esto de versos no sabes bien a dónde tienes la poesía ni cuál es tu musa derecha? Y ya que estas pataratas[119] que propones te hayan metido en esto, ¿cómo, sin más ni más, te vas ya disponiendo a hacer lo que no sé si podrás comenzar? ¿Así no más, sin dormir y sin soñar se hacen certámenes? ¿No quieres tener nada de Morfeo en tus disparates? Pues a fe que si tú supieras y yo te dijera lo que vale el *dormir* en estos casos, te había de parecer cosa de *sueño* y lo habías de tener por fantasía.

—Perdone vuestra merced, que le atajo —le dije—.

Y al irle a replicar que primero era la buena fama y luego etcétera, meciéndome del brazo me dijo:

—Oyes [*sic*] mozuelo, ¿piensas que estás hablando con alguna deidad de las de a ciento en cielo que me interrumpes? Pues lee el verso antecedente a los que acabas de recorrer, que dice: *Nulla domo tota est, custos in limine nullus,*[120] y óyeme, que te quiero decir lo provechoso que es el soñar en estas ocasiones para que a sueño seguido prosigas tu introducción.

Yo, azorado a sus gritos, hube de callar y él empezó así:

—Es el sueño una fuerza (según Crisipo) que mira y explica aquellas cosas que se le revelan a los hombres por los dioses: *Somnium est vis cernens, & explanans quae a Diis hominibus significantur.*[121]

119. Cosa ridícula y despreciable. *DRAE, s.v.* "Patarata".

120. Nadie hay en toda la casa ni guardián en el umbral. Ovidio, *Metamorfosis*, XI, 609. En Ovidio el pasaje es ligeramente diferente: *nulla domo tota, custos in limine nullus.*

121. El sueño tiene el poder de dar significado a las cosas que los dioses le revelan a los humanos. Con algunas variantes, localizamos este pasaje en una cita en: *Commentaria in Leviticum, Cap. XIX*, en R.P.C. Cornelii A Lapide e Societate Jesu S. Scriptrae olim Lovanii, postea Romae professoris *Comentarii in Sacram Scripturam. Editio Recens Antuerpiensi, omnium castigatissimae, Collata, tomus I Pars II Pentateuchum Complectens,* Melitae, apud Tonna, Banchi & Soc., 1843, p. 737: *Porro Gentiles multum tribuisse somniis docet Chrysippus, qui somnium sic definit: Somnium est vis cernens, et explanans quae a diis hominibus significantur in somnis.* Crisipo de Solos (siglo III a.C.) fue un filósofo griego de la escuela estoica. Se le atribuye la escritura de una gran cantidad de obras sobre lógica, ética, dialéctica y gramática, de las que solo se conservan

Mira tú si tuvieron buen gusto Góngora, Polo[122] y otros que no te nombro porque no los has de conocer, y más del caso don Fernando de la Torre Farfán, secretario del certamen que intituló *Templo panegírico*,[123] y si fueran cosas concedidas a los dioses como yo hablar de la Escriptura, te trajera yo aquí a Abimelec, a Jacob, a Labán, a José, a Faraón[124] y a otros que en sueños vieron muchos y muy grandes misterios, pero no quiero que digan que yo me meto en estas cosas, sino vamos a nuestros sueños humanos, que estos divinos y el Morfeo que los causa e inspira me tienen a mí y a otros dioses de mi ralea dados a los diablos, y así no me meto ni corro con ellos. Solo te digo que no dejes de soñar, advirtiendo que no hay cosa como ir por el camino que han andado otros porque es el más seguro, y este está muy trillado por personas de tanta autoridad como son Ovidio, Tíbulo[125] y otros, no por poetas de

algunos pocos fragmentos citados en las obras de otros autores. La historia recoge la anécdota de que murió de risa ante el cómico actuar de un burro al que emborrachó con vino.

122. Luis de Góngora (1561-1627) y Salvador Jacinto Polo de Medina (1603-1676), poetas culteranos del Siglo de Oro español.

123. Se refiere a la obra *Templo panegirico, al certamen poetico, qve celebro la Hermandad insigne del Smo. Sacramento, estrenando la grande fabrica del Sagrario nuevo de la Metropoli Savillana con las fiestas en obseqvio del Breve concedido por la Santidad de N. Padre Alexandro VII al primer instante de Maria Santissima Nuestra Señora sin pecado original, qve ofrece por Bernabe de Escalante, en nombre de la insigne Hermandad, al Ilustrissimo, y Reverendissimo señor Dean y Cabildo de la S. Iglesia Cathedral, y Patriarchal D. Fernando de la Torre Farfan.* Con Licencia, impresso en Sevilla, por Iuan Gomez de Bas, impressor mayor, año de 1663. Hay varios ejemplares digitalizados en Google Books. Fernando de la Torre Farfán (1609-1677) fue un cronista, poeta y traductor español, es autor de una obra dedicada a la canonización de san Fernando: *Fiestas de la S. Iglesia Metropolitana y Patriarcal de Sevilla. Al nuevo culto del señor Rey S. Fernando el tercero de Castilla y León...*, de 1671, y participó como organizador de varias justas poéticas. Rogelio Reyes Cano, "Fernando de la Torre Farfán, un animador de justas poéticas en la Sevilla del siglo xvii", en *Dicenda: Cuadernos de Filología Hispánica*, nº 6, 1987, pp. 501-508, recuperado de <https://www.google.com.mx/url?sa=t&rct=j&q=&esrc=s&source=web&cd=2&ved=0ahUKEwjKvuDm8-PWAhUEOBoKHeOPBpYQFggsMAE&url=https%3A%2F%2Frevistas.ucm.es%2Findex.php%2FDICE%2Farticle%2Fdownload%2FDICE8787110501A%2F13370&usg=AOvVaw2uyIMvRUW4O7gpypBdIVAv>.

124. Las referencias bíblicas para los pasajes de los sueños de estos personajes son las siguientes, todas del libro del Génesis: Abimelec 20, 3-8; Jacob 28, 10-16; Labán 31, 24; José 37, 5-11 y Faraón 41, 1-36.

125. Al igual que Ovidio, Albio Tibulo (54-19 a.C.) fue un poeta lírico latino, al que se le atribuyen varias obras aunque solo se conservan algunas elegías.

esquina,[126] a más de que es cosa tan fácil que cualquier muchacho lo hace, y a mí se me trasluce que tú eres grande oficial de dormir, aún mejor que de hacer versos.

Esto decía con tales visajes y gestos que parecía que para articular la voz necesitaba de movimiento hasta en las orejas, y allanando un rato el semblante a quebrantos de las arrugas, dio lugar a que yo, más recobrado, le respondiera.

—Bien sé —le dije— que esto del sueño ha sido la metáfora más usada para los certámenes, aunque también sé que no para todos, pero a mí me ha parecido por eso mismo no soñar; lo primero, porque no tengo alguna confianza de mí para poder imitar tan graves autores, y lo otro porque según Ovidio: *Est quoque cunctarum novitas gratissima rerum* (3 *Pont.* 4).[127] Pues aunque el no soñar no sea nuevo, a lo menos no es tan viejo, y aunque Cornelio me amenace, con su *Eventus varios res nova semper habet* (Cit. à Pol. Berb. Nobit.),[128] además de haber vencídolo los antecedentes con quitarle lo que podía tener de tan nuevo, también le responde el mismo Ovidio:

> *Fert benè praecipites Navis modo facta procellas,*
> *Quamlibet exiguo solvitur imbre vetus.* (4 *Tristib.* 6)[129]

Fuera de que según Aristóteles principalmente sueñan las cosas verdaderas: *melancholici maximè vera somniant* (Lib. *De somn &*

---

126. Es decir, no por poetas que venden sus obras en la calle, quizá en pliegos de cordel u hojas sueltas.

127. Con el sentido de "Todo lo nuevo place": en todas las cosas nuevas también hay placer. El pasaje es de Ovidio, *Ex Ponto*, III, 51 y tiene ligeras variantes: *Est quoque cunctarum novitas carissima rerum*.

128. Una novedad siempre trae riesgos [o resultados]. Encontramos la frase en varias obras dedicadas a frases latinas que versan sobre principios legales o en diccionarios sobre leyes, atribuyéndosela a Cornelio Gallo, (69-26 a.C.), poeta y político romano. Lo más probable es que se trate de una cita tomada de alguna poliantea que no pudimos identificar.

129. La nave recién construida sufre bien las tormentas que caen,/ en cambio la vieja se rompe con lluvia escasa. Ovidio, *Tristes*, IV, 6, 35-36.

vig.),[130] y como las cosas que yo deba soñar sean verdaderas, no quiero en estos días que todos están alegres, acreditarme, con so- ñarlas, de melancólico, que será muy de *mi gusto* no estar triste ni quiero tampoco con el sueño parecer más insensato de lo que me [*sic*] soy, si, *somnium est cesatio sensuum*, que dijo Filón (*cit. ibi.*).[131]

También sabrá vuestra merced que [el] señor Horacio, en el li- bro primero de la epístola séptima, me aconseja:

Intendes animum studijs, & rebus honestis,
Invidia, vel amore vigil torque verè.[132]

Demás, señor mío, que en esto de dormir o no dormir cada cual tiene sus ojos[133] y podrá hacer de su sueño un sayo,[134] y yo, si puedo, aunque me *desvele* en ello no he de soñar, que de esto vuestra merced no tendrá queja, porque si dice que en mi certamen no hay nada de *Morfeo*, aunque yo no quiera, en quitando el *mor* la otra mitad tengo andada, con que con tenerme a mí tiene bastante de Mor-feo, y Apolo sea loado, que no ha criado ninguna musa dormilona, de que inferirá vuestra merced lo poco que nos hace al caso el que se enoje o no.

---

130. Los melancólicos sueñan principalmente cosas verdaderas. Encontramos esta cita en *Sententiae philosophicae collectae ex Aristotele atque Cicerone*, 90, 1015C, atri- buida a Beda, que la cita de un libro llamado *De Divinit*, <http://www.mlat.uzh.ch/ MLS/advsuchergebnis.php?mode=SPH_MATCH_EXTENDED2&corpus=all&such begriff=OECON>. San Beda (672-735), apodado El Venerable, fue un monje bene- dictino, erudito historiador autor de la *Historia ecclesiastica gentis Anglorum*. Escribió obras de variados temas y se le atribuyen algunas más. Probablemente el secretario del certamen —y el pasaje de Beda— procedan de una traducción latina —*De somniis*— de Filón de Alejandría, obra en cinco libros del que se conservan solo dos, los referidos a los sueños descritos en el Génesis 28,12; 31,11; 37,40. Filón de Alejandría (ca. 15 a.C.- ca. 45 d.C.) fue un filósofo del judaísmo helénico.

131. "El sueño es el relajamiento de los sentidos". La cita procede del mismo libro. Véase *Interpretación alegórica de las leyes sagradas contenidas en el Génesis I y II (Le- gum Allegoriae). Interpretación alegórica III*. En *Obras completas de Filón de Alejan- dría. Tomo I*, traducción directa del griego, introducción y notas de José María Treviño, Buenos Aires, Universidad Nacional de La Plata, 1976, p. 142, párrafo 183, recuperado de <http://www.diostellama.com/pdf/26filondealejandriaobrascompletas.pdf>.

132. Si no consagras tu ánimo a empeños honrosos velarás atormentado por la en- vidia o el amor. Horacio, *Epístolas*, Libro I, Carmen 2, 37-38. En Horacio: *torquebere*.

133. Reformulación de la sentencia "Cada quién tiene sus gustos".

134. Prenda de vestir holgada y sin botones que cubría el cuerpo hasta la rodilla. *DRAE, s.v.* "Sayo". El autor juega con el refrán "Cada uno puede hacer de su capa un sayo", que se refiere a hacer cada cual lo que quiera con lo suyo.

—¡Chispas! —dijo Morfeo— ¡Desvergüenzas a mí, que soñador he sido! ¡Yo le aguantara el que no quisiera soñar, pero que me hable con malos modos eso no! ¡Prométole, a fe de dormilón de fe, de hacerle tan grande castigo que de aquí adelante me *sueñe*!

Y dando un espantoso ronquido tocó a rebato[135] para llamar en su ayuda a otros dioses, y en un instante se llenó mi aposento de tanta sabandija dellos que al verme yo acometido de tantos empecé a renegar de mis réplicas del certamen y de cuantos versos había hecho en esta vida, y aún si no hubiera sido por no agravar mi culpa, estando Apolo delante, en dar lo que no era mío, hubiera dado las musas al diablo.

Agarrándome pues entre todos después de haber oído el cargo que me hizo Morfeo, haciendo concilio, todos de un parecer (menos Apolo, que al fin es padre de todos [los poetas] buenos y malos), en castigo de mi desvergüenza me condenaban a lidiar con tontos como yo, y más que yo presumidos; mas viendo yo que era un *infierno* la dicha *condenación*, y que Apolo parecía que me era propicio, apelé a él para que interponiendo sus rayos con los otros me consiguiera de todos el perdón. Él lo intentó, pero como los otros dioses sean personas tan justas y juntamente tan atentas por cumplir con ambas obligaciones, no queriendo que absolutamente quedara mi desvergüenza sin castigo ni la súplica de Apolo sin atención, en revista[136] me conmutaron la pena en suspensión ordinaria de oficio, para que en mi vida no osara más hacer ni entender en versos, de tal modo que se me llegaran a olvidar cuantos sé y he sabido, hasta los de *cotita*,[137] etc. Aquí más fervoroso volvió mi padrino con su cara de Sol a ponerles por delante el empeño en que me hallaba, y ser función de tanta seriedad y magnitud.

—Suplícoos —les decía— no permitáis que la ignorancia de este miserable le vaya a privar de una honra como la que ganara en las alabanzas de Filipo y los serenísimos príncipes, que también será

---

135. Dar la señal de alarma ante cualquier peligro o la cercanía del enemigo. *DRAE, s.v.* "Tocar a rebato".

136. Segundo examen o consideración. *DRAE, s.v.* "Revista".

137. Probablemente de cota: acotación, anotación o cita. *DRAE, s.v.* "Cota". Quizá el secretario del certamen se refiera a los versos más citados, conocidos o comentados o anotados.

quitarles a estas sacras majestades esta alabanza, aunque pequeña, mirad que...

Y al ir a proseguir le interrumpió el ruido de las palmadas que a un tiempo se dieron todos.

—Habláramos para mañana —decían— que aunque nosotros somos dioses no podemos estar en todo a todos tiempos, y esta se nos había ido, solo vuestra merced, que todo lo ve, lo puede saber todo. No obstante esto ha de tener medio, y el mejor ha de ser, ya que vuestra merced lo ampara, entregarlo a Circe, la gran mágica hija de vuestra merced, para que lo encante, dejando a su cargo el que en cualquiera lugar que haya de estar encantado, le acuda[138] con sus influjos sin dejarle un instante de los rayos, que esto debemos hacer, no por él, que es un desvergonzado, sino por su empeño, y por su empeño, esto es, por vuestra merced que se empeña por él y por la magnitud del que tiene entre plumas.

Si a alguno le hiciere fuerza este modo de castigarme y le pareciere injusto o fuera de orden, además de que deberá irle a replicar a los dioses, sepa que lo harían o porque mi pecado era haber maltratado al sueño y era de congruo[139] castigarme con encanto, por ser culpa y castigo de una especie, o porque sabrían que esto del certamen y su disposición de mi cuenta lo tenía yo a cosa de *encanto*.

Luego que fue pronunciada la sentencia contra mí, Circe, que a todo esto había estado presente metida de gorra[140] entre los dioses, quizá por hija del dicho [Apolo]: *Pulchra quae recidens Dea Solis edita semine* (Lib. 4. *De prosap.* 3)[141] que dijo Boecio, quitándome de

138. Ir en socorro de alguien. *DRAE, s.v.* "Acudir".
139. Adecuado o conveniente. *DRAE, s.v.* "Congruo".
140. A costa ajena. *DRAE, s.v.* "De gorra".
141. [La isla] en que habita la bella diosa [Circe], hija del Sol. Boecio, *De consolatione philosopiae opuscula theologica*, IV, metro III, vv. 4-7: *Pulchra qua residens dea/ Solis edita semine/ miscet hospitibus nouis/ tacta carmine pocula.* Boecio (480-424 o 425). Filósofo católico, estadista y poeta nacido en Roma hacia 470, ministro de Teodorico. Fue condenado a muerte en Pavía por supuestas conspiraciones contra el imperio, por lo que es considerado un mártir. El papa León XIII aprobó su culto. Tradujo algunas obras de Aristóteles y Platón y fue una autoridad para la escolástica medieval por sus comentarios y escritos, entre estos últimos *Consolatione philosopiae y Opuscula theologiae*.

las prisiones que con sus nerviudas manos me tenía echadas Morfeo, con tan poca fuerza y tan mucha violencia que eran más impulsos sus intentos que aun lo fueran sus empujones, me llevó a sí, y parándome delante con no sé qué conjuros y soplos, por los *aires* me sacó tan fuera de mí que en un instante se me desparecieron dioses, libros, cama, aposento y aún juicio, porque quedé como insensato, hallándome con Circe sola en unos campos despoblados, pero tan insensible que si andaba me parecía que no movía los pies, y si hablaba entendía que no necesitaba de sacar de su quietud a los labios. Si me miraba no me conocía sino que me parecía alguna estatua de aquellas que a cada paso encontraban los de la tabla redonda;[142] y, en fin, todo yo era una indiferencia: ni gusto, ni pena, ni miedo, ni valor.

Armado, pues, de encanto en blanco a lo poeta andante,[143] me parecía que estaba en unos campos tan amenos, que ellos pudieran solos de que eran la academia donde estudiaba dibujos el mayo para bordar la campiña en los demás imperios de Flora, siendo ellos solos primaveras de sí proprios. Tan lisonjeado [estaba] con las fragrantes combatidas que escuadranados[144] ámbares daban a mi olfato, y con los canoros asaltos de dulcísonos[145] motetes[146] con que las parleras aves batían el castillo de mi oído, que decía yo:

—Enhorabuena, férienme[147] encantos a vida de poeta, que si aquí el mayor trabajo es no comer ni dormir, no se necesita; y allí, a más de no tenerse y necesitarse, estos pájaros no los he de tener ni por *oídas*, y estas flores a *olerlas*, con que, *encanto* por *encanto*, este me es mejor, que al fin resulta en olor y en-*canto*.

142. Alusión a los caballeros de la mesa redonda de las leyendas del rey Arturo. No encontramos ninguna referencia a estatuas vinculadas al ciclo artúrico.

143. "En blanco": sin nada escrito o impreso. Poeta en busca de aventuras como los caballeros andantes.

144. Formar a las fuerzas militares en escuadrón o escuadrones. *DRAE, s.v.* "Escuadronar". Escuadronados ámbares: de color de ámbar, flores amarillas.

145. Que suena dulcemente. *DRAE, s.v.* "Dulcísono".

146. Breve composición musical para cantar en las iglesias, que regularmente se forma sobre algunas cláusulas de la Escritura. *DRAE, s.v.* "Motete".

147. Permutar algo por otra cosa. *Aut., s.v.* "Feriar". Suspender el trabajo por uno o varios días, haciéndolos como feriados o de fiesta. *DRAE, s.v.* "Feriar".

No bien hube acabado de admirarme, cuando Circe, con un tiple[148] muy compasado,[149] me dijo:

—Pues, ¿qué te parecen estas amenidades? ¿Qué echas [de] menos en esta semi vida?

—¿Qué he de echar menos —le respondí yo— sino los asuntos del certamen y la disposición de su vejamen? Porque me parece que voy tan derecho a este intento como quién va a *Jerusalén*[150] *por la Gran Quivira.*[151]

—Si vas —me dijo— y si no lo quieres creer vente conmigo aquí al monte Palatino, y en él verás el Templo de la Paz, argumento de tu certamen y principal motivo de estos casamientos, y créeme que a no estar encantado ni tú lo pudieras ver ni yo enseñártelo.

Fuéme llevando de la mano hasta el dicho monte, en donde se me presentó a la vista un templo, tan suntuoso, que podía apostar primores con las maravillas,[152] y quizá el no numerarlo entre ellas ha sido por dejarlo para epílogo de todas porque en él se compendian.

—En este templo —prosiguió diciendo— verás expresos[153] todos los fundamentos que pudieras desear para probar tu idea, y hallarás grabados por aciertos los pretextos que para ajustarlos movieron a la majestad católica, y si no lo quieres creer, *templos a la obra* y vamos adentro.

Antes de entrar en el templo advertí que a su puerta estaba una multitud de pobres, unos cojos, otros mancos, tullidos otros, otros

148. Voz aguda. *Aut.*, *s.v.* "Tiple".
149. Arreglado, moderado. *DRAE*, *s.v.* "Compasado".
150. En el original: Jerusalem.
151. Nombre de una ciudad imaginaria llena de riquezas, de la que hablaba una leyenda española posterior al siglo XII. Es decir, distrayéndose de su objetivo.
152. Las Siete Maravillas del mundo antiguo.
153. Claro, patente, especificado. *DRAE*, *s.v.* "Expreso". Con el sentido de expresados, representados.

ciegos y otros que padecían diversas enfermedades, aunque en todos era igual la de la desdicha y pobreza.

—¡Qué me maten —dije yo— si estos no son los poetas del certamen, porque tantas miserias solo en los de este oficio pudieran caber, que hay hombre que se quedara *cojo* de muy buena gana si con un *pie* suyo puede ajustar una copla, y hombre que por darle bien la mano a los traidores[154] perder[í]a *las dos* y se quedar[í]a manco! Pues ¿qué diré de algunos que habrán empezado con gran acierto a su parecer, y en mitad de un asunto se habrán quedado cansados y sudando la *copla* tan gorda sin poder pasar adelante? Estos dejaran de andar y de muy buena gana fueran tullidos, a trueco[155] de pasar adelante con su empresa. En esto de los cargos no digo nada, porque son tantos los que no miran sus defectos y a ojos cerrados quieren conocer los de los otros que si los hubiéramos de numerar era menester inventar nuevo guarismo,[156] con que según estos antecedentes, no me engaño en el juicio que hago de ser los poetas, y más trayendo en el ser *pobres* el *confirmatur*[157] *de mi conclusión.*

—No son tal —dijo Circe—, que estos están aquí porque como los enfermos traen continua guerra con la salud y los pobres con la fortuna, acuden con sus devociones a esta diosa (Lib. 3 de *Simulata Rep*.)[158] bien que tus fundamentos eran muy racionales y yo te dejara con tu buen juicio si Enrico Farnesio, que afirma lo otro, me lo permitiera; todavía esos caballeros te los tengo yo en lugar tan a

154. Se refiere al asunto VI que los poetas debían desarrollar para el certamen.

155. Con tal de que. *DRAE, s.v.* "A trueco de que".

156. Expresión de cantidad compuesta de dos o más cifras. *DRAE, s.v.* "Guarismo".

157. La confirmación.

158. Se refiere a la siguiente obra de Enrico Farnesio, aunque solo pudimos localizar el tomo IV: *De simulacro reipublicae sice de imaginibvs politicae et oeconomicae virtutis. Henrici Farnesii Ebvronis I.C. Et artis oratoria Interpretatis Regij. Panegyrici Lib. IIII. Absoluti. In qvibvs qvam imperii faciem adumbrent quaedam Ilustrium Familiarum insignia; Apologi: Emblemata: Fabulae: Adagia: Hieroglyphica: breuiter oftenditur. Hvc Accedvnt Mores: Leges: Ritus: Antiqvorvm: synonyma virtutem: Paradoxa disputatium: eemplorum testimonia, ac deniq; orationes por Arte Imperandi quinque. Cvm privilegio. Romae, Papiae. Ex Officina typographica Andreae Viani. 1594. De svperiorvm permissv.* Enrico Farnesio o Farnesse Ebvronis o Henrici Farnesii Eburonis (ca. 1550-1613). Jurista y filólogo belga, profesor de Pavía.

propósito para tu cuento, que (Apolo mediante) me lo has de agradecer, y mientras llega este caso vamos dentro del templo.

—Vaya pues [—dije—], que con eso quizá estaremos seguros de la justicia de los maldicientes, aunque para ellos no hay sagrado seguro, porque como de todo dicen, se han hecho a vivir *entre-dichos* y murmurar por *tablilla*;[159] pero dejando estos *malos pensamientos*, aunque aquí no hay *agua bendita* que los quite, debo admirarme y agradecerte lo que veo, y si pudiera aprovecharles a Tito y Vespasiano para una *gloria*, es cierto que les diera mil *gracias* por obra tan medida a mi deseo y tan cortada para mi asunto (esto es, según que me acuerdo de Casio, que afirma ser estos los que fabricaron este Templo: *Vespasiano, & Tito Consulibus Templum Pacis dicatum est*),[160] porque lo que veo en este simulacro de la Paz, cuya figura es de una hermosa doncella coronada de oliva, en la mano diestra una hacha encendida quemando con ella dardos, morriones[161] y otros instrumentos de guerra, estoy considerando desempeñado mi certamen, y ahora que me acuerdo, ya yo otra vez la había visto en Justo Lipsio, en Plinio, en Téxtor y en Celio Rodiginio.[162]

159. Las tablillas eran unas piezas planas de madera, barnizadas o enceradas, donde se escribía con un punzón. *DRAE, s.v.* "Tablilla". Quizá el secretario del certamen se refiera a que los maledicentes murmuran tanto oralmente como por escrito. Otra definición de tablilla es la lista en la que se escribían los nombres de los excomulgados públicos.

160. Siendo cónsules Tito y Vespasiano se consagró el Templo a la Paz. Encontramos este pasaje en una obra sobre Tácito: *Supplementa Annalium C.C. Taciti; Apendix Ad Lib. V. Historiarum: Stema Caesarum Illustratum; Anecdota de Tiberio, Caio, Claudio, Nerone, Galba, Othone, Vitellio, Vespasiano, Tito, Domitiano, Nerva, et Trajano; Fragmentum Lib. XCI. T. LIVII Supplemento et annotationibus illustratum; Appendix Chronologica; C.C. Taciti Politica; et Inscriptio Tabulae Trajanae. A Gabriele Brotier.* Londini: In Aedibus Valpianis, 1821. El pasaje dice: *Vespasiano Augusto VI, Tito Caesare IV, consulibus, templum Pacis quo nullum in Urbe fuit majus pulchriusque, dicatum est.*

161. Armadura en forma de casco, que cubría la parte superior de la cabeza y que en lo alto solía tener un plumaje o adorno. *DRAE, s.v.* "Morrión".

162. El autor no precisa si se refiere a Plinio el Viejo o al Joven. El Viejo, Gayo Plinio Segundo (23-79) fue un militar, naturalista y escritor romano autor de una *Historia natural* en treinta y siete libros, que murió durante la erupción del Vesubio. El Joven, Cayo Plinio Cecilio Segundo (ca. 61-112) fue sobrino del anterior y también escritor. Se conservan pocas de sus obras, entre ellas el *Panegírico a Trajano* y un conjunto de cartas, en las que describe las costumbres de la época. Jean Tixier de Ravisy o Ravisi, latinizado Johannes Textor Ravisius Nivernensis (ca. 1480-1524) fue un humanista

—Es verdad eso —me dijo Circe—, aunque no dejo de extrañar que a mí no me des [las] gracias, porque a fuerza de mis conjuros y por virtud de mis encantamientos se haya el templo hecho de *piedra* a las injurias de la antigüedad, y la estatua de *mármol* contra los oprobrios de la vejez, conservándose tan linda que cuantos la ven la *quieren*, aunque ninguno se ha *perdido por ella.*

—Ya dije que te lo agradecía [—le contesté—], y esto baste, pues es lo mismo gratificar que dar gracias. Vamos ahora discutiendo las circunstancias de la función, primero, después las de la estatua, y luego, combinándolas, probaremos todo lo que tenemos que probar, que es mucho y vamos largos.

—Sea pues —dijo ella—.

Y empezó así:

—Queriendo la majestad del católico monarca, invicto rey de las Españas, que sus obras correspondan en todo (como hasta aquí) a la soberanía de tal rey, procurando sean rectas como (según san Isidoro) deben ser en los que obtienen tan alta dignidad: *Reges à rectè agendo,*[163] vio que la primera obligación de su celo era mirar por la quietud de sus reinos, porque de estos [*sic*] resultaba la felicidad de sus vasallos y la mayor honra y gloria de Dios en la observación de

francés aficionado a los estudios retóricos. Coleccionó epítetos poéticos de la literatura clásica latina, tópicos, biografías y lugares mitológicos con los que compuso varias polianteas muy socorridas por los poetas durante el Renacimiento y el Barroco. Su obra más célebre, *Officina*, se publicó en 1503 en Basilea, aunque algunos opinan que la primera fue la de 1520. Otras de sus obras, publicadas de manera póstuma son: *Epitome, Cornucopiae, Epistolae.* Varias de ellas se reimprimieron, refundieron, ampliaron y resumieron repetidamente.

163. Los reyes están llamados a actuar rectamente. *Decretos, DECRETI PARS DECIMA SEXTA. De officiis laicorum et causis eorumdem.* Cap. 39, *De regibus bene regentibus. Ex dictis Isidori (lib. III De summo bono, c. 48, v 7): Reges a recte agendo vocati sunt, ideoque recte faciendo regis nomen tenetur, peccando amittitur.* San Isidoro de Sevilla (Isidorus Hispalensis; ca. 556-636). Arzobispo de Sevilla. Fue canonizado en 1598 y declarado doctor de la Iglesia en 1722 por el papa Inocencio XIII. Fue un autor prolífico, pero entre sus múltiples obras de carácter histórico, científico o religioso, la más conocida es su compendio del saber de su época titulado *Etimologías*, en veinte libros.

la religión por el cumplimiento de sus preceptos, que tantos quebrantos padecen con las hostilidades de la guerra, móvil principal que dirigió sus cristianos designios. Era, pues, el medio eficaz para la consecución de tan santo fin el de unir las dos coronas de Francia y España, para que así tuvieran más fuerzas que temer los pérfidos militantes de las lunas otomanas[164] y los demás enemigos de la religión, a vista de que se ligaban contra sus malicias dos tan potentes coronas. Y como esta confederación no pudiera ser segura si no se perpetuaban las uniones, con maduro acuerdo resolvió se celebraran las reales nupcias de nuestro serenísimo príncipe y señor don Luis I deste nombre en España, con la augustísima señora doña Isabel, duquesa de Orleans, ínclita rama del real tronco de las cristianísimas majestades de Francia, trayendo un pimpollo de la lis,[165] a que en los planteles[166] de España de los suavísimos aromas que, aun desde allá se comunicaban al olfato más remoto, y por no deberle nada de cariño a Francia que no retorne, acreditando lo mutuo de su correspondencia, le vuelve a la misma majestad cristianísima en la hermosa señora doña Ana María Victoria, duquesa de Montpensier,[167] un renuevo de la rosa que apenas por los balcones del capullo empieza a descollar coloridos y a desplegar fragrancias.

Estas, pues, fueron las ligas con que se dio entre España y Francia el nuevo nudo, segurísimo de la paz; con estas escripturas se afianzó aquel bien, porque prometió Dios a Job que si lo tuviera tendría todos los demás: *Aquièsce igitur, & habeto pacem, & per haec habebis fructus optimos* (Job. 22).[168] Este es el bien que le afianza a sus dominios en su real cédula; y bien, tan *bien*, que el mismo Dios no se quiso llamar, en boca de san Pablo, Dios de disensiones, sino de paces: *Non enim est Deus dissensionis; sed pacis* (Ad Corinth. 14).[169] Es bien, de que dice san Agustín: *Pax est*

---

164. Los moros que profesan la religión islámica.

165. Pimpollo de la lis: botón de la flor de lis. Es decir, una joven de la nobleza de Francia.

166. El lugar o sitio donde se crían los árboles pequeños para trasplantar a otra parte. *Aut., s.v.* "Plantel". Es decir, trasplantada a los círculos de la nobleza de España.

167. En el original: Mompezier.

168. Job 22, 21: *Acquiesce igitur ei, et habeto pacem, et per haec habebis fructus optimos.* Llega a un acuerdo con Dios, reconcíliate, y así alcanzarás la felicidad.

169. Epístola I de san Pablo a los corintios 14, 33: *Non enim est dissensionis Deus sed pacis.* Porque Dios quiere la paz y no el desorden.

tranquillitas animi, serenitas mentis, consortium charitatis, haec est; quae simultates tollit, bella compescit, iras comprimit, superbos calcat, humiles amat, discordes sedat, inimicos concordat, cunctis est placida (*De Verb. Dom.*).[170]

Y si hubiéramos de referir las alabanzas que en todos los libros sagrados se refieren de este bien, y las autoridades de los Santos Padres en su abono, tales y de tal magnitud, como san Jerónimo sobre los Salmos, san Gregorio en sus moralidades, san Bernardo sobre los cánticos,[171] y otros muchos Santos Padres y autores gravísimos, como Hugo Cardenal en su libro *De Claustro animae*,[172] Casiodoro en el libro primero de sus *Epístolas*,[173] y así infinitos,

170. La paz es la tranquilidad del ánimo, la serenidad de la mente, el consorcio de la caridad; es esa, la que anula las diferencias, detiene las guerras, contiene los enojos, pisotea a los soberbios, ama a los humildes, calma a los discordantes, une a los enemigos, y es plácida para todos. San Agustín, Sermón *De verbis evangelii Ioanis.* Cap. XIV, 27 *Pacem meam do vobis, pacem meam relinquo vobis.* También lo encontramos en Pedro Cristólogo, *Sermones*, Sermón VII *De verbis Evangelii Ioann, XIV: Pacem meam do vobis, pacem meam relinquo: Est pax serenitas mentis, tranquillitas animi, simplicitas cordis, amoris vinculum, consortium charitatis. Haec est quae simultates tollit, bella compescit, comprimit iras, superbos calcat, humiles amat, discordes sedat, inimicos concordat, cunctis est placita.*

171. Se refiere a diferentes comentarios de los Padres de la Iglesia a los textos bíblicos. San Jerónimo (ca. 340-420) fue padre de la Iglesia latina. Se le debe la traducción de la Biblia en lengua latina llamada *Vulgata*. Fue autor de muchas otras obras, entre ellas *Varones ilustres*, *Epístolas* y *Comentarios*. San Gregorio Magno (ca. 540-604) fue el sexagésimo cuarto papa de la Iglesia, entre 590 y 604. Es uno de los cuatro padres de la Iglesia latina junto con san Jerónimo, san Agustín y san Ambrosio. Fue proclamado doctor de la Iglesia en 1295 por el papa Bonifacio III. Se le debe la liturgia de la misa, el rito gregoriano y la recopilación y evolución del canto gregoriano. Fue autor de varias obras, entre ellas el denominado *Libro de los diálogos* sobre la vida de santos italianos y un manual de moral titulado *Regula pastoralis*. San Bernardo (1090-1153) fue un monje cisterciense francés que fundó la abadía de Claraval, predicó a favor de la Segunda Cruzada y escribió numerosas epístolas, sermones y tratados doctrinales. Fue canonizado en 1174 y declarado doctor de la Iglesia en 1830.

172. Se refiere a la obra *De Claustro Animae*, en cuatro libros, editada en 1160, del canónigo agustino francés Hugo de Folieto (Hugues de Fouilloy, ca. 1100-ca. 1172), prior de St.-Nicholas-de-Regny (1132) y de Saint-Laurent-au-Bois (1152). Diana Lucía Gómez Chacón, "*Claustrum animae* o la edificación del alma. Las escenas constructivas del claustro de Santa María la Real de Nieva (Segovia)", *Anales de Historia del Arte*, 24 (2014), número especial diciembre, p. 70, <http://revistas.ucm.es/index.php/ANHA/article/viewFile/48691/45465>.

173. Magno Aurelio Casiodoro (ca. 485-ca. 580). Político y escritor latino que fundó el monasterio de Vivarium. Escribió muchas obras de muy diversos temas, entre ellas *De anima* (538) y *Exposition psalmorum* (540) y un voluminoso compendio de *Epístolas* en varios libros.

fuera menester extender a muchos volúmenes lo que está limitado a un corto papel.

Hasta los profanos autores hablan todos bien de este bien: Silio dijo que la paz era la mejor de las cosas que podían conocer los hombres: *Pax optima rerum, quas homini novisse datum est.* (Silius It. cit. à Pol. *Verb. Pax Faustus Andrel.* ib.).[174] Y Baquílides, poeta griego: *Res maximas mortalibus producit Pax: Securus placidè mundus sub Pace beata.*[175] Dijo otro, y dicen tantos, como

174. La paz es la mejor de las cosas que fueron dadas a conocer al hombre. La cita procede de *Punicorum*, XI, vv. 592-593: *Pax optima rerum quas homini nouisse datum est*, de Silio Itálico (ca. 25-ca. 100) político y poeta épico latino autor de *Punica*, una epopeya sobre la Segunda Guerra Púnica. Al parecer, el secretario del certamen cita a Silio Itálico a través de la obra de Publio Fausto Andrelini (ca. 1462-1518), un poeta humanista italiano, profesor de la Universidad de París, autor de unas *Églogas* (París, 1506).

175. La paz aporta grandes cosas a los mortales: un mundo plácidamente seguro bajo una paz feliz. El pasaje latino está conformado en realidad por dos citas. La primera parte corresponde a un verso en el siguiente poema: *Pax agricolam vel inter saxeta bene nutrit,/ Res maximas mortalibus producit Pax, Nempe diuitias, & suauissimorum cantuum flores;/ Haec efficit, vt in Pulchris deorum aris bonum flauis mandentur/ Flammis partes & langinerarum pecudum./ Haec facit, vt gymnasiaiuuenes, & tybias conuiuiaq; curent.* Se trata del fragmento 3 del Peán a Apolo Piteo, versos 61-2, del poeta lírico griego Baquílides de Ceos, que vivió entre los siglos vi-v a.C., y del que se conservan solo fragmentos de sus obras. La cita está tomada probablemente de una traducción latina procedente de alguna poliantea de la época. El pasaje latino completo lo consultamos en: *De amore et concordia fraterna. Opusculum sane avrevm, ut singulis familijs pernecessarium: in quo causae discordiae fraternae numerantur, & ad eas remouendas, concordiamq; inter fratres conseruandam oportna remedia traduntur, ac discordiae incommoda, & pacis vtilitates laudesque demonstrantur*, de Ludovico Carbone a Costacciario, Sactra Theologiae in Almo Gymnasio Perusino publico professore. Nunc Recens ab ipso auctore emendatum, & auctum. Editio altera, Venetiis, Apud haeredes Troiani Nauij, 1586, p. 117, consultado en <https://books.google.com. mx/books?id=irVdJ_xlRdAC&pg=RA1-PA17&dq=Res+maximas+mortalibus+pro ducit+Pax&hl=es-419&sa=X&ved=0ahUKEwirxMjM04zYAhWKKCYKHW9qC HEQ6AEIPjAD#v=onepage&q=Res%20maximas%20mortalibus%20producit%20 Pax&f=false>. La segunda parte del pasaje citado por el secretario del certamen pertenece al ya mencionado Publio Fausto Andrelini: *Securus placidè mundus sub pace,/ Tranquillum est summi pax opus alma Dei.* Tomamos el pasaje completo de: *La Vittoria delle donne: nella quale in sei dialogi si scopre la grandezza Donnesca & la Bassezza Virile. Dscitta da Lucretio Bvrsati Da Crema, Academico Sospinto detto il Voglioso. Con due Tauole, l'vna de gli Autori citati, el'altra delle cose piu notabili. All'illvstriss. Sig. Il signor Lvigi Givstiniano*, con Licentia, & Privilegio, in Venetia, Appresso Euangelista Deuch, 1621, p. 335, consultado en https://books.google.co.uk/books?id=didlAAA AcAAJ&pg=PA335&lpg=PA335&dq=securus+placide+mundus&source=bl&ots=w Ww95hs6rW&sig=Bli5YxLZ79I4k2z0_625yonHk6Y&hl=es-419&sa=X&ved=0ahU

Ovidio en el segundo de sus *Faustos* [*sic*], Baptista el Mantuano en el tratado *De Pace*,[176] y otros: que no hay más qué decir, este es el bien, y este es el caso con sus circunstancias. Vamos ahora a las de la estatua para purificarlas después.

Son las que en esta se hallan, como antes dijimos, las de ser una mujer coronada que en la mano tiene una hacha encendida con que quema armas y destruye guerras; con que para pacificar[177] estas con la del caso, me parece que es necesario muy poco trabajo, y si no, vamos a ello. Es la estatua una similitud de un rey por estar coronada de oliva, y por eso similitud propria de nuestro rey, que hoy le veneramos coronado con la oliva de la tranquilidad. Es ella la que moviendo el hacha aplica el fuego para destruir los bélicos instrumentos, y nuestro rey el que moviendo los casamientos quema con ellos las antiguas enemistades, malignos instrumentos guerreros entre España y Francia. Hasta aquí no necesita de prueba porque corre la paridad a cuatro manos.

Vamos adelante. Allá es el hacha con su fuego el inmediato instrumento de quemar, son los casamientos acá los consumidores inmediatos de las enemistades, y no como quiera consumidores, sino fuegos consumidores, porque si el amor, según san Agustín, está epilogado en el matrimonio: *Matrimonium est epilogum amoris mutui, & honesti* (Lib. 46),[178] o el amor se simboliza en el matrimonio: *Symbolum amoris*,[179] que dijo él mismo; simbolizándose el amor en

---

KEwigirrY6MDLAhUFsoMKHQa3Cf0Q6AEIHDAA#v=onepage&q=securus%20 placide%20mundus&f=false.

176. Batista Spagnoli (1448-1516) fue un carmelita descalzo italiano, poeta latino cristiano, prior de Parma (1471) y de Mantua (1479), seis veces vicario de su congregación y posteriormente prior general de la orden. Por su lugar de origen y su amplia producción poética era llamado "el Virgilio cristiano". Fue autor de obras de variada temática, pero no encontramos entre ellas ninguna con el título *De Pace*.

177. Poner paz entre lo opuesto y discorde. Aquí se emplea con el sentido de acercar el asunto de la estatua romana de la paz con el que se aborda en el certamen. *DRAE*, *s.v.* "Pacificar".

178. El matrimonio es el epílogo virtuoso del mutuo amor. No encontramos esta cita en las obras de san Agustín ni en ninguna otra fuente. San Agustín de Hipona (354-430), llamado "el doctor de la gracia", es un santo, padre y doctor de la Iglesia católica. Autor prolífico, escribió epístolas, sermones, obras teológicas, filosóficas, apologéticas, morales, dogmáticas, homiléticas y comentarios a la Biblia, además de las famosas *Confesiones* y *La ciudad de Dios*.

179. Un símbolo de amor. Estas dos palabras sueltas imposibilitan identificar la fuente en caso de que sea una cita textual.

el fuego según Pierio [*sic*]: *Per ignem amorem exprimi voluerunt*;[180] y Alciato: *Aligerum fulmem fregit Deus aliger igne* (Emb. 6.10).[181] Será el fuego con que se significa el amor, el mismo matrimonio, que es su símil; por eso (dice Piero)[182] eran las hachas consagradas a Cupido: *Ideòque passim fasces Cupidini dedicarunt.*[183] Luego la hacha de la estatua descifra los casamientos, y consiguientemente están bien pacificadas circunstancias con circunstancias.

Confírmase la similitud del matrimonio en la hacha, porque si aquel fuego, con destruir del todo las guerras, da a entender que no son buenas las paces si del todo no se aseguran quitando y totalmente aniquilando aquellas cosas que pueden ser instrumentos para que en algún tiempo corra detrimento la perpetuidad dellas, y este fuego es el amor o la misma paz, ¿qué mejor amor o qué más aventajada tranquilidad que la que se corrobora y se sella con los caracteres del deudo?: *Equidem censeo, eam pacem, quae sit inter cognatos esse praestantissimam,*[184] que dijo Dionisio. Es cierto que

180. Querían representar el amor por medio del fuego. Esta cita ya había sido expuesta en el texto y explicada en una nota previa. Corresponde a Piero Valeriano.

181. En realidad se trata del emblema 107: *Vis amoris: Aligerum fulmen fregit Deus aliger, igne dum demonstrat uti est fortior ignis Amor.* La fuerza del amor: "El dios alado quebró el alado rayo para demostrar que el fuego del amor es más fuerte que el fuego". Alciato, *Emblemas*, 2ª ed., ed. de Santiago Sebastián, tr. actualizada de los emblemas Pilar Pedraza, Madrid, Akal, 1993, p. 142.

182. Errata. En el original: Pierio.

183. Por lo tanto, por todas partes dedicaron haces a Cupido. El pasaje es de Piero Valeriano, *op. cit.*, libro XLVI, pp. 342r y v. Es ligeramente distinto: *Ideque fasces passim Cupidini dedicarunt.*

184. Por mi parte creo que esta paz que tiene lugar entre los hermanos es la más destacada. La cita proviene de una traducción latina de Dionisio de Halicarnaso y es ligeramente distinta: *Equidem censeo eam Pacem quae sit inter cognatos et amicos esse praestantissimam et honestissimam.* El pasaje corresponde a *Antiqvitatvm roman*, libro III, y nuestra reproducción la tomamos de *Dionysii Halicarnassensis opera omnia graece et latinae*, vol. 1, *cvm annotationibvus Heinrici Stephani, Frid. Sylbvrgii, Franc. Porti, Isaaci Casavboni, Fvlvii Vrsini, Henr. Valesii, Io. Hvdsoni et Io. Iac. Reiske*, Lipsiae, Svmtibvs Gotth, Theoph. Georgi, 1774, p. 425, consultado en <https://books.google.com.mx/books?id=_KJoAAAAcAAJ&pg=PA425&lpg=PA425&dq=Equidem+censeo+eam+pacem+a+inter+cognatos+et+amicos&source=bl&ots=JMkULIHmj5&sig=ILS6ipv7wI3dsrh3YnvdRTiVFc8&hl=es-419&sa=X&ved=0ahUKEwj7t8SGoY3YAhXL7oMKHdaMCVwQ6AEIMzAC#v=onepage&q=Equidem%20censeo%20eam%20pacem%20a%20inter%20cognatos%20et%20amicos&f=false>. Dionisio de Halicarnaso (ca. 60 a.C.-ca. 7 a.C.) fue un historiador, crítico y retórico griego que vivió en Roma durante el mandato de Augusto. Su obra *Antigüedades romanas* se conserva en forma parcial.

para refrendar este era el más superior medio el matrimonio, luego este y no otro es el fuego de la hacha de la estatua.

¿Y qué mejor prueba se pudiera dar de ser este fuego (supuesto que por cosa más activa para afianzar paces se la pusieran los antiguos a la estatua) el mismo matrimonio o las mismas nupcias, que saber que este fue el de que usó el católico rey? Y como quién en todo acierta, conocido está que sería el mejor y más voraz destruidor de rencores; luego en la estatua tienes ya probado todo el argumento del certamen. Y si acaso algún nimio escrúpulo tuvicrcs dc que sea necesario probar otra cosa, como el que si se deban celebrar con este modo de festejos aquellas paces, y sobre si es acertado el juicio de quien lo dispone, vete allí a Ovidio en el segundo de sus *Fastos*, y entrando a man[o] derecha hallarás un verso que dice: *Ipsum nos carmen deduxit Pacis ad aram*,[185] con que sabrás que si los versos es el camino mejor de ir a las aras de la paz, y es allí donde se han de sacrificar las lealtades, bien irá quien guiare los pasos por tal senda.

—No te pares —le decía yo a Circe— que has hablado *divinidades*, aunque como han sido de la paz te has propasado a [hacer] hablar autoridades de Santos Padres, cosa ajena de ti y de tu profesión.

A [lo] que ella me respondió:

—Mira, las personas que andamos hechas a los resabios[186] de que se dispute sobre si nuestra divinidad es a medias y nuestro poderío cuasi absoluto, concediéndosenos el que hagamos de una hormiga un monte y de un monte una sartén, que, como en el caso presente, al mismo Palatino que está dentro de Roma lo podamos sacar de sus casillas y ponértelo en este despoblado, habiendo también sacádote a ti de ti; mejor podremos, a ratos, salirnos de nosotras mismas, y de semi diosas y hechiceras hacernos teólogas y escriturarias[187] y más, cuando esto es cosa tan hacedera. Ahora te admirarás también

---

185. Mi verso me conduce al Templo de la Paz. Ovidio, *Fastos*, I, 709. En Ovidio: *deducit.*

186. Mala costumbre; desagrado moral o disgusto. *DRAE, s.v.* "Resabio".

187. En el original: escripturarias. Persona especializada en el conocimiento de la Sagrada Escritura, o que profesa su enseñanza. *DRAE, s.v.* "Escriturario".

de que sacándote de este templo (porque ya tendrás de memoria su estatua que es con la que se ha de discurrir por todos los asuntos) te lleve allí al monte Parnaso[188] (como te lo digo) donde encontrarás a esos zacatecanos cisnes de modo que no los has de conocer. ¡Vamos! ¡Tápate los ojos y vuela conmigo, porque tú, para que llegues a tan grave lugar es menester que sea sin ver lo que haces!

Echóme una ligadura[189] en los ojos, y en un instante creí que iba volando por esos aires (como eso habré yo volado desde el día de la publicación).[190] ¡Qué de cosas iba yo revolviendo en mi memoria de Ícaros, Dédalos y de otras desgracias, sin osar ni aún a llamar un santo, por no caerme, por la opinión de los agoreros! Algunas leguas habríamos volado cuando me pareció que íbamos ya tan altos que no sería posible apearnos en muchos años, pero de repente sentí que con los pies tocaba tierra, y aun palpablemente conocí que estaba parado; y más, cuando Circe, llegándose a mí, me descubrió los ojos y me dijo:

—Pues ¿qué te parece esta eminencia del Parnaso?

—¿Qué me ha de parecer? —le respondí yo— ¿sino *cosa fingida*? Y te hablo la verdad, que en todo el tiempo que he volado no me había *desvanecido*, y ahora que me considero ya seguro es cuando me *desvanezco*. ¿Yo en el Parnaso? Dios me lo lleve adelante que ya voy creyendo que *soy poeta*. ¡Ay cosa más linda de monte, ni más alta! ¿Quién me dijera a mí, cuando solía leer aquella descripción del señor Nasón en el primero libro de sus *Metamorfoseos: Mons ibi verticibus petit arduus Astra duobus/ Nomine Parnassus, superatque cacumine nubes*,[191] qué me había yo de ver en tales alturas? ¡Júpiter se lo pague a Circe que tanto me quiere que me pone *sobre las nubes*!

188. Ya comentamos en una nota del estudio introductorio la posibilidad de que el secretario tuviera en mente el *Viaje al Parnaso* de Cervantes de 1614.

189. Hay dos interpretaciones posibles de este término: usar algún maleficio contra alguien, *DRAE, s.v.* "Ligar"; pero también referirse a que le puso algo en los ojos para que no viera: una liga, una venda, o algún otro objeto similar.

190. Probablemente se refiera a la publicación del cartel. Es decir, a la preocupación que por sus deberes como secretario ha padecido desde entonces.

191. Un monte allí busca arduo los astros con sus dos vértices, con el nombre de Parnaso, y supera con sus cumbres a las nubes. Ovidio, *Metamorfosis*, I, 316. En Ovidio: *Parnasus, superantque* y *cacumina*.

—Me alegro que lo conozcas, y has de saber —me decía Circe—que el traerte aquí es porque veas cómo te pongo delante a todos los poetas que han discurrido en los asuntos del certamen en figura de varios animales, porque yo, merced de la poesía, a ellos y a otros muchos los he puesto en este estado. Pregúntale a Virgilio lo que hice en la isla Tirrenia del mar Siculo[192] con los compañeros de Ulises, sin usar más yerbas que los versos. Óyelo por tu vida: *Carminibus Circe Socios mutabit Vlissei* (*Eg.* 8, 70).[193] Aunque me levantan mil testimonios diciendo que para esto me valía de la magia, como si para encantar a cualquiera fuera más eficaz que lo que son los versos, que con ellos los poetas, aunque discurran como *ángeles*, trabajan como *bestias* y andan todo el día como *una cosa en el aire*; pero no quiero ahora detenerme en esto de los encantos porque es cosa del *diablo* lo que se dice de mí, sino vamos monte adentro y no te espanten los que fueres topando.

Ella que me va diciendo esto y yo que voy mirando una tropa de ratones tan disformes que pusieran miedo al asco menos pundonoroso, y por otro lado otra de buitres que, a no haber sido porque estos no se las comieran, hubiera echado las entrañas de asco de los otros. ¡Qué temor me discurrió por las venas! Y más viendo que los ratones se llegaban a mí y me empezaban a roer sin que les pusiera miedo el ver que estaba yo hecho *la gatita de Mari-Ramos*.[194] Me hubiera muerto si Circe, que conoció mi susto, no me reconviniera conque si ya no me había dicho que no tuviera miedo.

192. El mar Tirreno se encuentra al oeste de la península itálica, entre las islas de Córcega, Cerdeña y Sicilia, y las costas continentales occidentales de Italia. Con el nombre de mar Sículo el autor probablemente se refiera al mar al este de la isla de Sicilia, ya que según Tucídides los sículos eran una de las tribus que habitaban esa región antes de los colonizadores griegos. La isla de Circe era Eea, a la que el autor parece ubicar en una zona entre el Tirreno y el mar Sículo.

193. Circe transformó a los compañeros de Ulises. Virgilio, *Églogas*, VIII, 70. En Virgilio: *Ulixi*.

194. En el *Vocabulario de refranes* de Gonzalo de Correas: "La gata de Marirramos, que se hacía muertecina para cazar los ratos". Hay muchas versiones de este refrán: "La gata de Marirramos que está muerta y caza ratones", "La gata de Marirramos que se tapaba los ojos para no ver los ratos", "La gatita de Mari Ramos que halaga con la cola y araña con las manos", etcétera.

—Y más —me decía— de estos, que son aquellos poetas maldicientes que en todo *roen*, los que nunca se dan a partido,[195] sino
que con todos son graves y horrorosos, que es lo que dice Plinio de
este género de animal: *Nunquam mansuescit* (Lib. 8, cap. 5, 7).[196]
Estos son los concebidos en aquellos agigantados montes de su
presunción, que si salen a luz quedan en una ridiculeza: *parturient,
&*;[197] los que aunque con su murmureo[198] hagan algún ruido siempre procuran ocultar sus bultos debajo de la tierra: *...Saepe exiguus
mus/ Sub terris posuitque domos...*[199] Deja pues estos miedos para
las mujeres, que con que tú les saques tantito las *uñas* verás que no
hallan[200] *agujero donde meterse.*

—No obstante —decía yo— aunque estos son *ratones*, bueno es
guardarse de ellos a ratos, que con un poco que *roen* echan a perder una *gala*,[201] y ya que de estos no se debe temer, ¿de estos otros
monstruos qué diremos?

—Pregúntaselo a ellos: "¿Decidme con quién andáis?". Y luego tú
dirás y les dirás a ellos quién[es] son —decía— porque estos son de
los que dicen, no porque entienden, sino porque tienen gusto en
dar pesadumbres. Y si no me crees a mí te pondré delante a Plinio,
que es hombre de verdad, y en el libro décimo al capítulo sexto dice
de estos animales: *Mirum enim in modum corporibus jam putrefactis delectantur* (Plin. Lib. 10, cap. 6).[202] Con que si tú te *pudres* de
sus dichos será darles complacencia, y más si te ven morir de verlos.

195. Ceder de su empeño u opinión. *DRAE, s.v.* "Darse a partido". En el poema,
los poetas maldicientes nunca se rinden.

196. Nunca domesticado. Estas dos palabras sueltas imposibilitan identificar la
fuente en caso de que sea una cita textual.

197. Engendran y... Esta palabra suelta imposibilita identificar la fuente en caso de
que sea una cita textual.

198. Murmurio continuado. Murmurio: ruido seguido y confuso de voces o de
otras cosas. *DRAE, s.v.* "Murmurio".

199. A menudo el ratoncillo construye sus madrigueras bajo tierra. Virgilio, *Geór-
gicas*, I, 181-182.

200. En el original: hallen.

201. El aplauso, obsequio o honra que se hace a alguno, en atención a lo sobresaliente de su mérito, acciones o prendas, en competencia de otros.

202. De un modo asombroso así se deleitan con los cuerpos putrefactos. No localizamos esta cita en Plinio, pero sí una muy parecida: *Vultures biduo triduóve ante*

En esto estábamos cuando como en el aire se me representó el cartel y toda la disposición del certamen. Estaba todo roído de tal modo que a pura dentellada le había hecho un ratón una inscripción, que, a lo que se dejaba percibir, decía: *Este no es certamen sino examen.* Como las letras eran muchas las de la dicha inscripción, ya se deja entender cómo estaría todo hecho pedazos; y así, luego que yo lo vi, procurando remendarlo (como que estaba a mi cuenta su lucimiento), empecé a decir:

—Mal año para las malas intenciones de este caballero. Si yo no conociera la implicancia,[203] ¿qué fuera de mí? ¿a dónde habrá hallado razón para que una misma cosa en un proprio tiempo sea y no sea (¡Aristóteles sea sordo!) para que este no sea certamen y sea examen, que es lo mismo que ser certamen y no ser certamen —si no es que halla alguna diferencia en el significado de ambas voces— que será (a mi parecer) tan difícil como entre el hombre y el animal racional? Porque si certamen no es otra cosa que contienda, pelea, lucha o riña, y ahora sea en lides de Marte, ahora en batallas de Minerva, no se puede dar sino entre diferentes que aspiren, o a aplauso o a premio. Discurro que el contender será para calificar los unos respecto de los otros sus merecimientos o examinar sus fuerzas, inquiriendo unos de otros mutuamente quiénes son más condignos[204] a tal aplauso o a tal premio.

---

eo congregari vbi futura sunt cadauera: Mirum enim in modum corporibus putrefactis delectantur, atribuida también a Plinio, lib. 10, cap. 6, en el libro IV *De svbst. sensitiva, Animal volatile magnum, Vultur*, en *Onomatographia; sive descriptio nominvm varii et peregrini idiomatis, qvae alicubi in Latina vulgata editione occurrunt. Opus ad intelligentiam sacrorum voluminum vtilissimum. Dividitvr in dvas partes. Prima pars continet nomina praecipua rerum veteris & novi Testamenti per ordinem alphabeticam digesta. Secvnda a verò nomina insignium personarum cum distinctione temporum, quibus personae ista floruerunt. Quae omnia ita sunt disposua, vt tam linguarum periti, quam expertes vberrimum fructum ad cruendum genuinum sacra Scriptura sensum capere possint. Auctore Lvdovico Ballester Societatis Iesu Valentino, quondam sacrae Scripturae professore in Collegio Valentino eiusdem Societatis. Accessit eiusdem Hierologia, sine Sermo sacer de substantia diuina. Prodit nvnc primvm*, cvm Privilegio Regis. Lvgdvni, Sumptibus Horatij Cardon, 1617, p. 333, consultado en <https://books.google.com.mx/books?id=VSZBAAAAcAAJ&printsec=frontcover&hl=es#v=onepage&q&f=false>.
    203. Contradicción de los términos entre sí. *DRAE, s.v.* "Implicancia".
    204. Debido, correspondiente y proporcionado. *Aut., s.v.* "Condigno".

Cuatro géneros de certámenes hallo por más célebres entre los griegos: *olímpicos, pitios, histimios y nemeos*; y todos los veo ser exámenes porque en todos hallo jueces que definían quiénes eran más merecedores de los premios. Y como para juzgar definitivamente entre muchos méritos la mejoría de algunos es menester examinar las calidades de todos, creo, desde luego, que todos eran exámenes. En los olímpicos que se celebraban de cinco en cinco años junto al río Alfeo[205] dedicados a Júpiter, se daba una corona de oliva por premio al que según el examen de los jueces había corrido mejor saltando, manejando la pelota y lidiando con las armas, que era lo que se mandaba en ellos (Polid. Vir. 12).[206] En los *pitios*,[207] al contendor[208] más alentado[209] según el examen le daban un laurel

205. Río del Peloponeso que desemboca en el mar Jónico.

206. El secretario del certamen cita a Polidoro Virgilio (ca. 1470-ca. 1555), un humanista italiano que fue comisionado papal en Inglaterra y autor de varias obras. Encontramos referencias a la descripción de los juegos en: *Libro de Polidoro Vergilio, qve tracta de la invencion y principio de todas las cosas. Agora nueuamente traduzido y trasladado en lengua Castellana, para nuestra doctrina y exemplo. Y dirigido al ilustrissimo Señor Don Luys Chistoual Ponce de Leon, Duque de Arcos, Marques de Zahara, Conde de Casares, Señor de la Villa de Marchena, y de la Serrania de Villa luenga, &c. Por Francisco Thamara catedratico en Cadiz interprete y recopilador desta obra*, Libro segundo, cap. XII, en Anuers en la enseña del vnicornio dorado, en casa de Martin Nuncio, 1550, pp. 77-79 r y v: "Quien fue el primero que entre los Griegos establecio y ordeno las contiendas y juegos, que fueron llamados olimpicos. Y aquella dança o bayle, que se dezia Pirrica, y la lucha. Y quien invento el juego de la pelota y de los dados, y de las tablas, y del axedrez. Y jugar a pares y nones, y el juego de los bolos y barras", consultado en <https://books.google.co.uk/books?id=EJpq_THSuikC&pg=PT181&lpg =PT181&dq=polidoro+virgilio+juegos+ol%C3%ADmpicos&source=bl&ots=jDnya 5Wndm&sig=DUTkgUB3c8FpogKCehmPdcKrmnw&hl=es-419&sa=X&ved=0ahU KEwjcqfqA7srLAhVsu4MKHfS3AXMQ6AEIHDAA#v=onepage&q=polidoro%20 virgilio%20juegos&f=false>. En realidad, las citas de Plutarco y Ovidio proceden de esta misma obra, y el secretario remite a las fuentes originales de manera inexacta. La de Plutarco corresponde —según el texto de Poliodoro Virgilio—, a la traducción latina de la Vida de Teseo en su obra *Vidas paralelas*, y la de Ovidio, que no tiene que ver exactamente con lo que se dice aquí, corresponde al libro IV, vv. 539-542 de las *Metamorfosis*.

207. En la mitología griega, Pitón era una serpiente nacida de la tierra tras el diluvio que vivía en una gruta cerca de Delfos, en el monte Parnaso, y custodiaba el oráculo. Cuando Apolo la mató, reclamó el oráculo para sí y estableció los juegos pitios en memoria de su hazaña. El origen y descripción de los juegos pitios viene en el libro I de las *Metamorfosis* de Ovidio, vv. 438-451.

208. El que pelea, lidia, disputa o contiende con otro. Contendiente. *Aut.*, *s.v.* "Contendor".

209. Animoso, valiente, resuelto, esforzado, denodado. *Aut.*, *s.v.* "Alentado".

por premio, por ser cosa que estimaba Apolo, a quien se dedicaban, por haber muerto la serpiente Pitón (Plutarc. *De Antiquit.*).[210] En los *histimios*, que se hacían en honra de Neptuno, era el premio (para el precelente[211] examinado) una corona de pino (Ovid. Lib. 1. *Metham.*). En los *nemeos* al que los jueces examinaban y declaraban merecedor se le daba una guirnalda de opio. Lo mismo ha sucedido en cuántos certámenes ya militares, ya poéticos, ha habido hasta ahora, [en] que los jueces han examinado las bondades de las poesías. Hasta los certámenes de los *muchachos* son exámenes. Dígalo aquel su continuo desafío de: *Ahí nos toparemos y veremos quién a quién.*

—Esto me cuadra —decía Circe—. Remienda tu sayo y pasarás tu año.[212] No te despidas, que no será la postrera puntada que le hayas de dar, porque si no coges la *aguja* de perfeccionar[213] has de *ensartar* remiendos hasta que se te salte el ojo. Descansa ahora y vamos a la fuente a tomar un refresco.

Esto decía y a un tiempo fuimos llegando a la fuente cristalina, cuando yo, que soy atrevido, de que vi sus aguas *corrientes* luego las empecé a *manosear*, y en esto me acordaba de la elegía segunda que está en el libro primero de Propercio, que dice: *Vissus eram, molli recubans Heliconis in vmbra,/ Bellerophontes qua fluit humor Equi.*[214] ¿Y cuándo entendía yo haberme visto en ese *espejo*, aunque la boca se me hiciera *agua* por probar la de la fuente?

En esto ya el montero mayor, cargado con sus nueve cazadoras[215] y con una multitud de dardos que volaban *como unos rayos*, me había

210. No encontramos este libro atribuido a Plutarco, probablemente la cita, como en el caso anterior ya mencionado en una nota previa, esté tomada de una poliantea sobre antigüedades griegas y romanas.

211. En el original: pre excelente. Muy excelente. *Aut.*, *s. v.* "Precelente".

212. Refrán antiguo que advierte sobre que, si no se reparan las propias prendas a tiempo, habrá que pagar porque alguien más las remiende.

213. En el original: perficionar.

214. Había aparecido en un sueño, recostado en la sombra agradable del Helicón, en el que fluye la fuente del caballo de Belerofonte. El pasaje se refiere a la fuente Hipocrene y al caballo Pegaso. Propercio, *Elegías*, III, 3. En Propercio: *Visus* y *Bellerophontei*.

215. Se refiere a Apolo o Febo, dios del Sol y protector de la poesía, y a las nueve musas.

dado en toda la cara con sus luces, y yo, que lo vi todo, *me deslumbré*, y aun más me turbaba de verme entre tanta ninfa bella, que se admiraron de ver la mala catadura[216] del nuevo cofrade de Helicona,[217] y unas con otras hablaban como que chismeaban. Yo estaba sin poder ni aun articular palabra del susto y las demás callaban, hasta que Apolo, con una muy buena voz, cogiendo su cítara y quitando plumas de las alas de Pegaso, comenzó a cantar así:

> Yo, Apolo, gran presidente
> de la audiencia de este monte,
> donde tiene *mejor pleito*
> quién gasta más *altas voces*.
>   A ti, recién poëta a quien
> mis armoniosos ardores,
> con ilustrarte de *paso*
> el juicio te traen *al trote*.
>   Nueve musas te doy, tales,
> por mandado de los dioses,
> que no hay mejores aunque
> se eche el Pindo[218] en *infusiones*.
>   Para los heroicos versos
> puedes tratar con Calíope,
> como para *heroicidades*
> de los más altos *héroes*.
>   Polimnia no será mucho
> el que contigo se porte,
> porque es musa que con todos
> gasta muy buenas *acciones*.
>   Clío, que las cosas pasadas
> continuamente recorre,

216. El gesto o semblante, especialmente cuando es áspero, severo y desapacible. *Aut., s.v.* "Catadura".

217. Ya hablamos en una nota del estudio preliminar sobre el monte Helicón y su relación con Apolo y las musas. Aquí, el autor se refiere a él mismo como nuevo miembro de la comunidad de los poetas al estar presente en el monte Parnaso.

218. Ya se explicó también en una nota del estudio introductorio la relación entre los montes Helicón, Parnaso y Pindo, considerados como patria de la poesía.

para tratar los antiguos
te dará mil *pasaportes.*

Has de ver los movimientos
con Urania de los orbes,
quién te hablará *de los cielos*
aunque parle de los *hombres.*

A Talía le pedirás
de lo cómico te informe,
que es tan *cariñosa* que
lo ha de hacer con *mil amores.*

Los citaredos[219] impulsos
de Terpsícore, *son voces,*
son cláusulas, *son* dulzuras,
son melodías, *son* mil *s*ones.
Melpómene es bien que a ratos
con sus tristezas se encoje,
pero sus cantos son siempre
muy dulces y muy melodes.

Euterpe está hecha a tocar
flautas, cañas y cañones,
conque si sonar quisieres,
dirás que te inspire o *sople.*

Erato es gran bailadora,
mudanzas hace a montones,
y aunque ejecuta con pies
también practica con voces.

Así cantaba con mucho primor su merced, y mientras duró su voz fue tanta la multitud de cisnes que lo rodearon, que si con su calor no los fuera asando para que comieran las musas[220] se hubieran eclipsado sus luces; y dejando la cítara en mi mano, prosiguió diciéndome:

219. Citarista. *Aut.*, *s.v.* "Citaredo".

220. Ya dijimos en una nota del estudio introductorio que el cisne era el animal dedicado a Apolo, pero también representaba a los poetas. El pasaje parece ser una sátira de cómo el dios patrono de la poesía desprecia y aniquila a ¿los malos poetas? que buscan su amparo.

—Ya yo cumplo con mi obligación en darte los influjos, y créeme, a fe de Apolo de bien, que estoy hecho pedazos de lo que estos días he trabajado en Zacatecas, que a no porque vieras cómo canto bonito había de aturdirte aquí de *re mi fa soles*. Ya la lira está templada, canta tú y las musas te la deparen buena.

[PREMIACIÓN DE LOS GANADORES Y VEJAMEN]

Yo, que me hallaba ya con unas ganas de entonar infusas [*sic*],[221] como quién se está *todo* cantando, empecé así:

> Ya yo, grave museo zacatecano,
> buscaba entre guirnaldas apreciadas
> las que más dignas dieras, diera a vuestras frentes;
> con méritos ilustres, tan granjeadas,
> que blasonaran ellas de eminentes
> al mirarse en lugar tan soberano,
> cuando Apolo, no en vano,
> tejiendo rayos e insertando flores,
> con mil incendios y con mil primores,
> juzgando merecíais, más que laureles,
> para mayor decoro,
> coronas os construya con hebras de oro.
>   Afectos en tropeles
> el novenario corifeo[222] triunfante
> vertía canoro y abortaba amante,
> el facistol[223] cansaba [*sic*][224]
> a uno y muchos motetes
> con que vuestros aplausos celebraba.

221. Probablemente se refiera a las notas musicales fusas o semifusas, porque en el cristianismo, infusa se refiere a la acción exclusiva de Dios de transmitir ciencia o sabiduría en el hombre. *DRAE, s.v.* "Infuso".

222. En la tragedia griega, director del coro. *DRAE, s.v.* "Corifeo". Aquí se refiere al coro de las nueve musas.

223. Atril grande en que se ponen el libro o libros para cantar en la iglesia y que, en el caso del que sirve para el coro, suele tener cuatro caras que permiten colocar varios volúmenes. *DRAE, s.v.* "Fascistol".

224. Probablemente una errata por cantaba.

Todo era gusto en los museos retretes,[225]
cuando el radiante Apolo,
al remontar su vuelo
para escalar el cielo,
se detuvo tan solo
mientras me daba en voces transparentes,
conceptos claros, ecos refulgentes.
      "Los cisnes —dijo— que traquean[226] cristales
en los castalios líquidos raudales,[227]
bañando hoy alas que han batido altivas
a las glorias de España
con más que aguda maña;
no ya palmas tan solo, no ya olivas,
adquieren varias y granjean ufanas
coronas de oro, si, donde mis rayos
a lucidos ensayos,
pulido esmero de las nueve hermanas,
con orgullos perennes
vengan compuestas a ceñir sus sienes".

      Dijo. Y calzando estrellas por espuelas
para surcar los diáfanos espacios,
granizando topacios,
volaba haciendo de sus luces velas,
y al mirarle sus ninfas peregrinas
embutirse en las conchas diamantinas,
y con ardor no nuevo,
sin desnudarse Apolo, armarse Febo,
con canciones divinas
dulzura acrecentaban a dulzura,
y en acentos parleros
le saludaban métricos jilgueros.

225. Cuarto pequeño en la casa o habitación destinado para retirarse. *DRAE, s.v.* "Retrete". Es decir, en los espacios de recogimiento de los poetas zacatecanos.

226. Mover alguna cosa de una parte a otra, especialmente los líquidos. *Aut., s.v.* "Traquear".

227. Las corrientes aguas de la fuente Castálida a la que ya nos hemos referido que otorgan inspiración a los poetas.

Y luego, cariñosas,
plausibles, apacibles y piadosas,
para la lid que vieron ya segura,
lucida en tanto numen ingenioso,
a su trabajo honroso
prestas se dedicaron,
y a cada cisne todas inspiraron.
Y yo a Circe decía:
"Sirva tu melodía
de que entre tanto influjo alguno toque,
que a no errar me compela y me provoque".
　　Dije. Y volviendo la cara
al exquisito matiz
que de *conceptos* se forma,
en vez de *grana* y *carmín*
　　registré de todo el monte
el armónico pensil,
donde es el *metro* mosqueta[228]
siendo el *número* alhelí.
　　Fatigas de los ingenios
en tropa veía subir,
talando a *concepto* y *copla*
todo el *ameno jardín*.
　　De distintos animales
diversas formas les vi,
que en tal *figura* los puso
quien les puso a *discurrir*.
　　Al epigrama veloces
corrían, cual Sol al *nadir*;
y fábula de por medio
querían hacer *cénit*.[229]
　　En los versos de Virgilio
veía a muchos confundir,

---

228. Rosa pequeña y blanca, de una especie de zarza, de olor almizclado. *Aut.*, *s.v.* "Mosqueta".

229. Nadir: el punto de la esfera celeste, diametralmente opuesto al vertical o cénit. *DRAE*, *s.v.* "Nadir". Cénit: intersección de la vertical de un lugar con la esfera celeste, por encima de la cabeza del observador. *DRAE*, *s.v.* "Cenit".

que para el asunto hallaban
apenas *uno entre mil.*

Al labirinto vi entrar
orgullosos muchos, y
luego cortaban el *hilo*;
sería por ser *sutil.*[230]

Por la glosa estaban muchos
de renegar en un tris,[231]
sin su *conversión* poder
moverlos a *convertir.*

Las retróg[r]adas les daban
luego, luego, en la nariz,
haciendo a muchos *sonar*
lo que algunos escupir.

Salsa las paranomasias
del certamen *perejil,*[232]
tenían entre *sus verdores,*
no sé qué que hacía *podrir.*

En fin, los que cultivaban
este epilogado abril,
por dejar la *flor del berro,*[233]
se andaban a la de *lis.*

230. En el original: subtil.

231. Porción muy pequeña de tiempo. *DRAE, s.v.* "Tris".

232. Adorno o compostura excesiva. *DRAE, s.v.* "Perejil". La frase "El perejil de todas las salsas" se refiere a quien gusta de figurar en todos lados y entrometerse en todo.

233. La frase *"Eso es andarse á la flor del berro"*, "Aplícase al que se entrega á la vida ociosa y regalona, corriendo tras de devaneos y de una á otra parte en busca de los placeres y diversiones, y no pocas veces del vicio, con relacion al ganado que, cuando está bien pacido y harto, busca las yerbecitas más sabrosas, y con especialidad las florecitas del *berro". Florilegio o ramillete alfabético de refranes y modismos comparativos y ponderativos de la lengua castellana, definidos razonadamente y en estilo ameno por* José María Sbarbi y Osuna, Madrid, Imprenta de A. Gómez Fuentenebro, 1873, <http://www.cervantesvirtual.com/obra-visor/florilegio-o-ramillete-alfabetico-de-refranes-y-modismos-comparativos-y-ponderativos-de-la-lengua-castellana—0/html/>.

No porque faltaba alguno,
muy espetado[234] machín,[235]
de los muchos que han comido
alcaparra en este país,
    que al ver el cartel dijera,
como confiado de sí:
"Más arte tiene que todos
de los que yo hago el más ruin,
    pues para estos versos tengo
de especies con qué construir,
de la azotea de mi cuerpo
relleno el zaquizamí".[236]
    Por estos humos, quizá,
luego que quiso parir,
lo que esperaba concepto
vio que no era más que hollín.
    Y lo peor que hay es que de estos,
uno no se halla, que si
no van sus versos primero,
no se tenga por muy vil.
    Mas no falta qué estimarles
después de todo, que al fin
sin que den *en qué entender*
no dejan de dar que reír.
    Peores son otros que tienen
de lo entendido el barniz,
y *en qué entender* dar procuran
sin dar *en qué discurrir*.
    Todo, en fin, es hoy el monte,
bulla y aplauso gentil,

---

234. Estirado, tieso, afectadamente grave. *DRAE, s.v.* "Espetado".

235. Hombre rústico y mozo de trabajo, especialmente los de las herrerías. Los poetas suelen llamar a Cupido el Dios Machín, por haber nacido en la herrería de Vulcano. *Aut., s.v.* "Machín".

236. El desván o último cuarto de la casa, que está comúnmente a teja vana. Por alusión el cuarto pequeño desacomodado y poco limpio. *Aut., s.v.* "Zaquizamí". En el poema el autor se refiere al desorden de ideas en la cabeza: "la azotea de mi cuerpo".

no hay quién no quiera hermosearse,
no hay quién no quiera lucir.
    Solo es un desentonar
en mi voz cada desliz,
mas ¿cómo podrá cantar
quién no puede proferir?

No bien hube acabado de cantar estos coplones (porque no los canté ni razonablemente) cuándo llevándome Circe de la mano me sentó entre las nueve musas, y ella también se sentó, aunque después [a] cada rato se levantaba para meter de madrina a los poetas conforme se fueron siguiendo. Yo, que me vi hecho *Chepe entre ellas* en medio de tanto instrumento, ya me parecía *cosa de fandango* el certamen, pero este gusto breve me lo borró el ver que se poblaba todo aquello de infinitos lobos que me convirtieron el placer en susto, y si Circe, que conoció mi turbación, no me sacara de ella, hubiera huido de ellos y puesto Parnaso de por medio.[237]

—Estos son —me dijo— aquellos que se han quedado *aullando* y andan hechos unos *perros* porque no les premian sus disparates, a bien que no somos acá ningunas *ovejas* que no nos sabremos defender de sus *dentelladas* con el *tizón*[238] *de nuestra deshecha,*[239] *que si se lo pegamos* han de quedar *ardiendo* más de lo que están.[240] No te dé cuidado, si no vamos trayendo a la memoria nuestra estatua y discurriendo nosotros sobre el primer asunto —pues los que más agudamente han pensado se te irán aquí apareciendo conforme sus lugares—.

Es pues el asunto en el que se pidió la combinación del caduceo de Mercurio con el caso en los dísticos acrósticos, y a mi parecer todo se deduce de la estatua antecedente. Del caduceo ya se dijo con

237. Parodia de la frase: "Poner tierra de por medio".
238. Metafóricamente: mancha, borrón o deshonra en la fama o estimación. *Aut.,* *s.v.* "Tizón".
239. El vocablo "deshecha" tiene múltiples significados: disimulo, fingimiento y arte con que se finge y disfraza alguna cosa; despedida cortés, etcétera, pero significa también cierto género de cancioncita con que acaba el canto, por lo que suponemos que esta última es la acepción más adecuada al contexto. *Aut., s.v.* "Deshecha".
240. Se refiere aquí a los poetas que no ganaron un premio en el certamen.

Plinio ser símbolo de la paz: *Signum, &*[241] *lo que afirma Piero:*[242]
Caduceum in Pacis argumentum circundata efigie anguium (Lib.
XV).[243] Este, pues, caduceo, es símbolo de la paz; la estatua es también símbolo de ella, y de la misma manera es su efigie la prudencia
de nuestro rey. Luego estatua, prudencia y caduceo son uno mismo. Pruébase: la estatua es la que destruye guerras, el caduceo es
el que mete paz entre serpientes discordes: *Mercurium cum hanc
virgam manu tenens, in Arcadiam proficisceretur, duos Serpentes
pugnantes invenisse virgaque interposita dicto citius proelium diri-
misse.*[244] La prudencia de nuestro rey es la que quema con el fuego
del amor los instrumentos de la guerra, y con la vara de la prudencia media las enemistades de los reinos. Luego todos son unos
y, consiguientemente, se deduce el asunto del argumento. El que
sea de parabienes nadie ignora que sea nuestra primera obligación
dárselos a su majestad, y el que sean con paz lo dice Plutarco: *Mansuetudine, & pace, potius quam timore, elicienda est benevolentia* (I
Ant.).[245] Con que, si te parece, iré a traerte a los que han discurrido,

241. Signo y… Ya hemos comentado que cuando aparecen sueltas palabras latinas
imposibilitan identificar la fuente en caso de que sea una cita textual.

242. Errata. En el original: Pierio.

243. Del caduceo, una efigie rodeada de serpientes, [hicieron] una prueba de paz.
Piero Valeriano, *op. cit.*, libro XV, Pax, p. 115v. En el original: effigie.

244. Ya hemos referido antes el mito por el que se atribuye al caduceo, adornado con dos serpientes, ser símbolo de la paz. No encontramos la fuente original
de esta cita, solo una secundaria: en el *Appendix de Diis et Heroibus poeticis*, Caput
VIII *De Mercurio: De draconibus autem Caduceo additis hanc afferunt rationem,
Mercurium, cum hanc Virgam manu tenens in Arcadiam proficisceretur, duos serpentes pugnantes invenisse, viraque interposita, dicto citius praelium diremisse*, en Q.
Horatii Flacci Carmina Expurgata, notis novissimis ilustravit Josephus Juvencius Societatis Jesu, cum Appendice de Diis & Heroibus Poëticis, ad omnium Poëtarum intelligentiam necessaria. Nova editio prioribus longè auctior & emendatior, cum privilegio regis, Parisiis, Sumptibus Fratrum Barbou, via Jacobeaa, propè Fontem Sancti
Benedicti, sub Ciconiis, 1728, p. 34, consultado en <https://books.google.com.mx/
books?id=PHYVAAAAYAAJ&pg=RA2-PA34&dq=Mercurium+cum+hanc+virgam
+manu+tenens&hl=es-419&sa=X&ved=0ahUKEwjzwMSv9pPYAhUT2GMKHXC
8By4Q6AEIODAC#v=onepage&q=Mercurium%20cum%20hanc%20virgam%20
manu%20tenens&f=false>.

245. La dulzura y la paz, más que el miedo, estimulan la buena voluntad. No encontramos la fuente original de esta cita ni el libro de Plutarco de donde supuestamente está
tomada. Ya comentábamos que es probable que el autor cite a partir de una poliantea latina sobre antigüedades griegas y romanas. Dos pasajes muy parecidos aparecen en *Polyantea nova, hoc est, ops suavissimis floribus celebriorum sententiarum tam graecorum*

merced de estas señoras, sobre este asunto, en la forma que yo los tengo transmutados de la suya propia.

Hizo, pues, una gran reverencia a las musas, y al irse a encaminar a una cueva en donde antes me había dicho los tenía, le suspendió el paso y a mí la admiración una cédula que cayó sin ver de a ónde[246] venía, la que tomándola yo en las manos, sin *decorarla*, vi que deletreaba así: "Mandan los señores jueces que se satisfaga a las personas a quienes hubiere dicho cierto *Momo in omnibus*,[247] que fue ocioso echar versos latinos, porque ni sus mercedes ni el secretario los habían de entender; y se dice que se satisfaga a aquellos y no a él, porque los que lo han oído entenderán la *satisfacción*, y de él no se tiene *de que la entienda*". Apenas acabé de leer cuando Calíope —a cuenta de quién corría este asunto y el que se sigue por ser versos heroicos los más— con sus acompañadas Clío y Urania, tomaron de su cargo la satisfacción, y para dar la respuesta, mandándome que yo la escribiera. Dijeron así:

quam latinarum riertum: Quos ex innumeris fere cum sacris tum profanis autoribus, iisque vetustioribus & recentioribus, summa side olim collegere, ad communem studiosae juventutis utilitatem, eruditissimi viri, Dominicus Nanus Mirabellius, Bartholomaeus Amantius, & Franciscus Tortius. Nunc vero, Svlata omni titvlorvm et materiarvm Confvsione, Ordine Bono Digestvm, et Innumeris prope cum sacris tum profanis sententiis, apophthegmatis, similitudinibus, adagiis, exemplis, emblematis, hieroglyphicis & fabulis auctum locupletatum, exornatumun: studio & opera Josephi Langii Caesaremontani, P.I. & in Archiducali Academia Friburgensi Brisgoiae Rethorices & Graecae Linguae Prosessoris. Cum gratua & Privilegio Caesarea Majestatis Francofurti, Sunptibus Lazari Zetzneri Bibliopolae, 1607, en el apartado Beneficentia & Beneficium, p. 158: "Mansuetudine potius & beneficentia, quam timore elicienda est benevolentia. *Plutarch.*"; y "*Plutarchus*: Mansuetudine potius & beneficentia quam tiore elicienda est benevolentia. Epide. Amiciti. apud Stob. Ser. 46". Al parecer, la poliantea transcribe estos pasajes de Estobeo, quien es el único que los recoge de alguna obra de Plutarco y los traduce al latín. Ioannes Stobaeus o Juan de Stobi o Estobeo (Macedonia, siglo v-siglo vi) fue autor de un florilegio de textos literarios griegos titulado *Antología de extractos, sentencias y preceptos* y que posteriormente se imprimió en latín en dos partes: *Collectiones sententiarum* (Venecia, Victor Trincavelli, 1536) y *Eclogae physicae, dialecticae et ethicae* (Amberes, G. Canter, 1575). Hubo ediciones posteriores de esta obra junta o separada con diferentes nombres.

246. De dónde, en donde, por lo cual, por cuál razón. *DRAE, s.v.* "Onde".

247. Momo en todo. Resulta imposible identificar la fuente en caso de que sea una cita textual. En la mitología griega, Momo era el dios que personificaba la crítica injusta, el sarcasmo, las burlas y la agudeza irónica.

—Los que saben hacer versos bien los pueden bien juzgar: el señor coronel de infantería española, don José Rivera Bernárdez y el señor tesorero de la Santa Cruzada, don Juan Núñez Hurtado de Mendoza, ambos alcaldes ordinarios de esta ciudad, hicieron bien los dos epigramas que se siguen, de los cuales el primero es del señor coronel y el segundo del señor tesorero; luego los sabrán juzgar:

Pandite dulci loquo, Pierides nūc psallite cāt -------V.
Hilaris Hesperiae gaudia cantet Amo- ------------R.
Iam vecors ardor caedat tàm bellicus ips-----------E,
Limina, quae est laudis, tangere lingua capa -------X?
Isquè Atlantiades melior, nam foederis arc ---------V,
Pignora vis pacis dulcia ferre tib -------------------I.
Vincla parans texis regali vimina nex --------------V,
Supremos superans, saecula multa Reg ------------E.

***

Peniger Hispalis, si inte concordia nex --------------V,
Hanc tentat sedem, iam bendicat Amo ------------R.
Ipsa tamen laudat per tantos advoco salv----------E,
Lauros in tanto lumine sela capa--------------------X.
Illustrem, quia scis pro tali quaerere cult ----------V,
Praedicet, & pacem, tunc dicat illa tib -------------I.
Virgam Mercurij det iam connubia plaus----------V.
Surpemos laudes canimus inde ben ---------------E.

Con que se les dirá a esos caballeros le digan a ese Momo que si les pone algún defecto a esos podrá replicar al argumento que lo concluye, y porque no entienda del pobre secretario solo, que es más fácil, lo que de todos habló, oiga uno que hizo este, tal cual Apolo fue servido, en que a más de lo acróstico pedido, tiene en medio otros cuatro:

Pax	*Veteret*	*Pactu*	*Veteret modo*	*Peniger ict*	V
His	*Regnis*	*Hermes*	*Regia*	*Horrescat Amo*	R
Iam virga	*Enarrat*	*Iaculorum*	*Et foederis*	*Id*	E
Laxari	*Xisto*	*Laus,*	*Xenia*	*Lara, lari*	X
Ista est	*Virga*	*Innata*	*Vesebus*	*In agere part*	V
Per non	*Intuitum*	*Prospicit*	*Ibi*	*Par*	I
Vivat	*Vberte*	*Virga*	*Velox vbicûq*	*Vacat*	V
Si Hispano	*Est*	*Suavis,*	*Est ibi*	*Sera quoqu*	E

Que es el que se pidió en ocho versos o cuatro pares de ellos, que es lo que significa esta palabra: *dísticos*, para el señor replicante más que para ninguno; *griega*, porque a su merced toda inteligencia en esto de *versos* se le va por los *pies*; y si en esto de las cuantidades *largas* tiene algún conocimiento, será muy *breve*, aunque el conocerlas breves lo lleva muy a lo *largo*, quedándose en todo *indiferente*.

Con esto acabó de dictar la señora Calíope, y yo, por lo que a mí toca, me pareció añadirle este dístico de Marcial hablando de mis versos:

Ista tamen mala sunt, quasi nos manifesta negemus;
Haec mala sunt, sed tu non meliora facis. (Lib. I *In Amphit.*)[248]

> Por malos, cosa asentada,
> que pasen mis versos tomo,
> pero los que tú haces, Momo,
> no son mejores ni nada.

Cerré el billete y él se volvió a volar. Mientras este volaba veía que venía otro ensartado en una saeta, con muchísima violencia, y cuando temí que me hiriera, fue tanta mi ventura que la cogí en el *aire*. No fue

---

248. Marcial, *Epigramas*, Libro II, VIII. El epigrama dice: "Si algo te parece en estas páginas, lector, o muy oscuro o poco latino, el error no es mío; lo ha tergiversado el copista con las prisas por cargar versos a tu cuenta. Pero si crees que no es él, sino yo, quien ha caído en falta, entonces yo creeré que tú no tienes ni pizca de inteligencia. —'Pero esos versos son malos'. —¡Como si yo negara lo evidente! Estos son malos, pero tú no los haces mejores". *Epigramas de Marco Valerio Marcial*, 2ª ed., texto, introducción y notas de José Guillén, revisión de Fidel Argudo, Zaragoza, Institución de Fernando el Católico, 2003, p. 127.

mucho, que había días que yo esperaba este dardo. Abierto, pues, el papel, vi que decía: "Tiene muchos defectos el acróstico para el epigrama, y es el primero estar escrito con una P Philipus, debiéndose escribir[249] con dos; y el segundo estar en nominativo, siendo la persona con quién hablamos sin que falte quién le añada tercero, que es el estar el *quintus* caracterizado con letra, que dicen ser número castellano, y por eso denigrativo defecto, con que en cuatro palabras se notan cuatro defectos: en el Philipus un solecismo[250] y una mala ortografía; y en el *quintus* el solecismo de concomitancia y el mal número. Sólo el Rex se *corona* por indiferente, y aun como es fuerza confesarlo nominativo, también está malo, siendo solo el Vive el que puede cantar el víctor".

—¡Apolo nos dé paciencia! —dijeron las tres musas—. ¡Que no sabemos cómo no se nos cae la *lira* de vergüenza[251] con estas cosas de Zacatecas, y damos con todo al *traste*! Debieron de querer poner por secretario al *Proto disparatero*[252] *de la archi barbarismería*,[253] porque solo siendo ésa su intención te dieran a ti semejante cargo, que en *cuatro palabras* has disparado cuanto es disparable. Mira qué hombre tan pronto[254] eres en este oficio. No tienes disculpa, que con razón te ponen en *acusativo*, porque es el yerro de *nominativo*, caso tan pro-*vocativo* que disculpara al *ablativo* o *hablador* más insolente. Yo te doy de barato[255] que te deslumbrara la persona *con quien hablamos* y te hiciera ponerlo (como está) *in recto*,[256] pero ¿si quiera el *imperativo* no te puso *presente* el mur murar *futuro*? ¡Es cierto que es un error de lo exquisito y de lo *singular* que se ha experimentado! ¿Pues qué diremos en el *punto* de la mala ortografía? Este sí, a más de ser yerro, es delicto, porque

249. En el original: escrebir.
250. Error de sintaxis, principalmente en la concordancia. *Aut.*, *s.v.* "Solecismo".
251. Parodia de la frase: "Cómo no se nos cae la cara de vergüenza".
252. Proto: Indica prioridad, preeminencia o superioridad. Disparatero: que disparata con frecuencia. *DRAE*, *s.v.* "Proto"; "Disparatero".
253. Incorrección lingüística que consiste en pronunciar o escribir mal las palabras o en emplear vocablos impropios. *DRAE*, *s.v.* "Barbarismo".
254. Veloz, acelerado, ligero. *DRAE*, *s.v.* "Pronto". Pero aquí con el sentido de nuevo, de novato.
255. Aceptar como válido o verdadero algo aunque no se tenga certeza de ello. *DRAE*, *s.v.* "Dar de barato".
256. Directamente. Imposible identificar la fuente en caso de que sea una cita textual.

es quererle quitar *letras* a Philippus, siendo estas y las armas las que dan tanto lucimiento a su reino y *extienden* su nombre. Pero no tiene la culpa sino quien se encomendó de ti, que después de no saber *ortografía* no te vales siquiera de usar *interrogación,* sino que colon imperfecto,[257] te arrojas en el anchuroso mar de la poesía buscando el *nuevo rumbo* del acierto, arr[i]esgado a que la *ballena* de tu ignorancia (como ha sucedido) te sepulte y te *coma,* habiendo hoy en esta ciudad otros colones perfectos que descubrieran este *punto con grande admiración.*

Yo, que le vi abrir a mis gustos tan horroroso *paréntesis* con los oprobios y pesares que me habían dicho, no habiendo hasta entonces alcanzado el que aquellas señoras pasaban más allá de *musa, musae,* a todo gritar les decía:

—Me espanto, señoras, que unas musas de prudencia no consideren que en dos días y medio que tuvo esta función de tiempo para disponerse habría y sería fuerza valerse de un escribiente, y que siendo este medio estudiante, no sabiendo de las dos PP del Philippus, creyera que con el vocativo no llenaba las ocho letras, y se determinara, por no venir a preguntar, a ponerlo en nominativo, siendo un yerro mismo el que lo arrastró a cometer el otro, y siendo también en mi causa de no corregirlo el no esperarlo en lo que juzgaba por menos. Y más cuándo la precisión no dio lugar a expurgarlo despacio, pero si el haberlo llevado adelante les parece a vuestras mercedes más error, este es el que disculparé, protestando oír las réplicas que cualquiera quisiere hacerme después, o por escrito o de palabra, y responder según pudiere a ellas.

Digo pues de las dos PP, que habiendo trabajado grandemente para hallar algún precepto que mande ponerlas en tal dicción, no he encontrado más que en Santiago de Villafañe, en su *Speculum Grammaticorum,*[258] una regla que dice que entre dos vocales se

---

257. En gramática se usa para dar a entender en la oración la implicación y contrariedad de las cosas que se refieren o que son entre sí diversas. *Aut., s.v.* "Colon imperfecto".

258. En el original: Villalfare. Santiago de Villafañe de la Payana y Yebra, jesuita. Fue autor de *Speculum grammaticorum: explicacion de las quatro partes de la grammatica, con toda distinción, y claridad, ethimologia, prosodia, orthographia, y sintaxis, con lo methodico, y historico della...* (Madrid, 1675). Hubo varias ediciones posteriores.

pueden doblar las consonantes; y el decir que se pueden no es mandar que se doblen, cuando en tantos otros vocablos vemos que no se doblan, con que el que no las doblare no habrá faltado en nada a los preceptos gramaticales porque no los hay para ello. Nebrija, en su *Orator patriae*,[259] dice que no lo desprecien: *ne expraeberit*;[260] no que lo sigan, porque dando reglas de buena pronunciación, dice de la C y de la G antes de E [e] I cómo es el uso de pronunciarlas, y por fin dice: "Algunos contra el uso enseñan lo contrario", y remitiendo a Justo Lipsio deja libre el modo de la dicha pronunciación, de que se infiere que si allá mandara todo lo que es uso en todo, acá siguiera su precepto en el uso de esto; a más de que la necesidad de que no sobrara letra para lo [*sic*] acróstico me forzaba a que le quitara al PHILIPPUS o a otra cualquiera dicción una letra, porque (supuesto el nominativo), estando con las dos PP sobraba una para los cuatro dísticos, y como la que menos falta hiciera fuera una de las dos PP, la quitara antes que quitar otra; y más que aunque yo hubiera querido echar dichas voces no significativas siendo solo el intento forzarlos a que empezaran con tales letras, no discurro que hubiera defecto ni me parece por las razones dichas (debajo de la protesta antecedente) lo hay, y solo fue motivo el de quien lo advirtió de declararse por mi enemigo, pues si fuera mi amigo: *cum amicis tuis, &*.[261]

En lo que toca al vocativo por nominativo: o es cierto que se puede usar, o me han de confesar que san Jerónimo no supo gramática, porque así lo usó en el salmo 82 (cuyo número es de los que llama el notador castellanos, como todos los que estoy mirando en esta Biblia, por su objeción de que no hago caso) en el verso 4, concurriendo el imperativo, dice: *Deus meus pone illos vt rotam. Sanctus Deus, Sanctus fortis, Sanctus immortalis*.[262] Son muchos nominativos y

259. Se refiera a una de las reglas sobre la oratoria establecidas por Nebrija en su gramática latina: *Orator patriae doctum ne spreverit usum:* Los oradores deben apegarse al uso docto.

260. No lo reprueben.

261. Con tus amigos, etcétera. No es posible identificar la fuente en caso de que sea una cita textual.

262. La primera parte del pasaje corresponde a Salmos, 83 (82), 14: *Deus meus, pone illos ut rotam / et sicut stipulam ante ventum.* Conviértelos, Dios mío, en hojarasca,/ en paja agitada por el viento. La segunda parte dice: Santo Dios, santo fuerte, santo inmortal. Se trata de un *trisagio* o himno en honor de la santísima Trinidad en la cual se repite

también traen el imperativo *miserere*; siendo tantos que era menester trasladar todos los libros sagrados, con que en concediéndome lo que arriba digo, diré que tiene razón. Ustedes, señoras musas, como no leen continuamente los libros sagrados no sabían estas razones, vean ahora si la hay para haberlo llevado adelante, aunque confesando siempre haber sido equívoco del escribiente.

—Puédese tolerar —dijeron, a una voz, todas—. Despáchese la respuesta y Circe vaya a su negocio.

Llegóse, pues, ella a la cueva, y abriendo su boca[263] vi que sacaba de ella a un *gallo*, tan gallardo, que es cierto que podía, con ser *prieto*,[264] apostar *hermosura* con el más *pintado*.[265] A preguntar iba yo quién era, cuando ella, ahorrándome el trabajo, me dijo:

—Este es el señor licenciado don Pedro José de Mimbela, abogado de las Reales Audiencias de estos reinos, dignísimo vicario *in capite*[266] y juez eclesiástico de esta ciudad, quien además de tenerlo en ella y en las atenciones de todos, mereció el primer lugar en este asunto. Hélo transformado así por aquello que dice: Échote ese gallo.[267]

—Mucho *pollo* es para mí —dije—. ¿Cómo he de tener yo *pico* para vejar a mi prelado? Pero a bien que en su comparación soy una *basura* y por eso en mis asuntos he de darle lugar a que cante bien. *Si cada gallo canta en su solar*[268] no porque el señor vicario

---

tres veces la palabra "santo"; al parecer tiene su origen en Isaías 6,3: *Sanctus, Sanctus, Sanctus Dominus exercituum; plena est omnis terra gloria eius* o en el Apocalipsis 4,8: *Sanctus, sanctus, sanctus Dominus, Deus omnipotens, qui erat et qui est et qui venturus est!*. La oración completa es *Sanctus Deus, Sanctus fortis, Sanctus immortalis miserere nobis*. Santo Dios, Santo fuerte, Santo inmortal, ten piedad de nosotros.

263. La boca de la cueva.

264. De color muy oscuro. *Aut.*, *s.v.* "Prieto".

265. El más hábil, prudente o experimentado. *Aut.*, *s.v.* "El más pintado".

266. Cabeza, principal.

267. En el sentido de echarlo al ruedo ya sea para contender en una pelea o en una justa de canto.

268. Es decir, es señor de su lugar. El *Vocabulario de refranes* de Gonzalo Correa registra algunas expresiones muy parecidas: "Cada gallo canta en su muladar", "Cada gallo canta en su muladar y en viendo la suya dejó de cantar", y "Cada gallo, en su muladar no canta mal", <http://www.martinezdecarnero.com/glossword/index.php>.

puede cantar a onde quiera bien y sin temor, porque si su *pluma* es buena, los *pies* de sus versos son mejores y tienen unos *conceptos* por *espolones* que a cada *levantada* le dan al asunto en la *buena*. Vengan sus versos y dime qué significa tener siete puntas la *cresta* de este señor *gallo*.

—Tómalos —dijo Circe— y deja de reparar los siete *picos* cuando sabes que tres del *sombrero*[269] y *cuatro* del bonete[270] son *siete*, y acá hemos de *averiguarle* lo que *saca*, no lo que se le *pone* en la *cabeza*, porque entonces te dijera yo que en aquella propriedad que tiene esta ave de bajar la cabeza por creer presuntuosamente de su altura, le figura mucho, y este señor licenciado es algo pagado de sí.[271] Yo no podré decir si por lindo o por docto, a lo menos la vieja Isabel [*sic*] de las musas me ha certificado que no hay versos que le cuadren y a todos les pone defecto.

—Tú puedes decir lo que se te antoje, que a bien que no es tu prelado y mío sí —le dije yo—. ¡Vengan sus versos! Leo y oigan que es su *quiquiriquí* para muy atendido

P indaurs extendat Musarum cantica cult ----------V,
H ispanij Regis, cuius in orbe pavo------------------R.
I ngenium, siquidem posuit sub foedere caut -------E,
L uctantes terras in quibus ira mina ----------------X.
I unxit Hymē Pueros cōverso sanguine vult --------V,
P erficiens virgam, quae antea Mercuri------------I.
V idimus eiusdem esse duorum foedera tact -------V,
S ed maius Galli tu, atque Leonis av--------------E.

Cante el Píndaro[272] en honor
y gloria del rey de España,

---

269. Se refiere a los sombreros de tres picos de moda en la época.

270. Tipo de sombrero que usaban los eclesiásticos colegiales y graduados. *Aut.*, *s.v.* "Bonete".

271. Ufano, satisfecho de sí mismo. *DRAE*, *s.v.* "Pagado de sí".

272. Uno de los más célebres poetas griegos (ca. 518 a.C.-438 a.C.). Escribió himnos y otros poemas, entre ellos los epinicios que compuso para los atletas vencedores en los certámenes deportivos de los juegos panhelénicos.

cuya poderosa hazaña
al mundo causa pavor.

Pues cierto su ingenio y traza
consiguió el hacer amigas,
dos regiones, que, enemigas,
brotan ira que amenaza.

Himeneo cuatro infantes
puso unidos cara a cara,
perfeccionando[273] la vara
que fue de Mercurio antes.

Si se vio con atención
que el contacto de esa vara
dos serpientes copulara,
más es al gallo y al león.[274]

—*Ganó* —dijeron las musas— y no necesita de ir a la *prueba*, porque todavía está alzando *golilla*;[275] pueden los señores jueces darle
un cintillo de diamantes para que se amarre la *navaja*.[276]

—Así lo hacen sus mercedes, —dije yo— y yo también de mi parte
estimaré que reciba ese dístico de Oven [*sic*] que le viene proprio,
para que hinche[277] el *buche*:

273. En el original: perficionando.
274. Alude a los animales simbólicos que representan las casas dinásticas de los
contrayentes: el león de Felipe V y el gallo de Francia.
275. Juego de palabras. Golilla es el adorno usado antiguamente por los minis-
tros togados y demás curiales, hecho de cartón forrado de tafetán u otra tela negra,
que circundaba el cuello, y sobre el cual se ponía una valona de gasa u otra tela
blanca engomada o almidonada; sin embargo, en las gallináceas, son las plumas que,
desde la cresta, cubren el cuello hasta la línea más horizontal del cuerpo. *DRAE*,
s.v. "Golilla".
276. Probablemente, alusión a las que se les amarra a los gallos de pelea.
277. En el original: hincha.

Queritur in capitis frondosi vertice; quare
Ad Galli cantum, non fugit iste Leo?[278]

Frondosa cabeza espanto
al león da en su canto o son,
¿cómo no se espanta el *león*,
gallo mío, de tu canto?

Mas no ha de agradarle, si
con que con cantar lo alabes,
¿con el qui…qui… ri…quí sabes
darle en uno y otro *qui*?

En esto estaba yo cuando Circe, que ya venía de la cueva, me dijo:

—¿Ahí está *ese tapado*?

278. Surge la pregunta: ¿por qué al canto del gallo de exuberante cabeza no huyó este león? Se trata de dos dísticos de diferentes epigramas de Ioannis Audoeni (John Owen) de su *Epigrammatum Liber quartus*: 17. *In Corbulonem: Quaeritur, in capitis frondosi vertice quare/ Non habeat crinem Corbulo? Crimen habet*; y 8. *Gallicinum: Ad H. Principem: Anglorum sensit virtutem Gallia: solus/ Ad galli cantum non fugit iste leo.* Véase: *Textus minores in usum academicum sumptibus E.J. Brill Editi Curantibus R. Feenstra, R. Hooykaas, F. W. N. Hugenholt, H.A. Oberman, W.C. Van Unnik, J.H. Waszink quibos actuarius adfuit B-A- Van Proosdij Vol. LII Ioanis Audoeni Epigrammatum Vol. II, Libri IV-X*, editado por John R. C. Martyn, Tuta sub aeguide Pallas EJB, Leiden, E. J. Brill, 1978, pp. 2-3, <https://books.google.com.mx/books?id=RAAVAAAAIAAJ&printsec=frontcover&dq=IOANNIS+AUDOENI&hl=es-419&sa=X&ved=0ahUKEwiir6z-uJnLAhXHmIMKHXlbDyEQ6AEIJTAB#v=onepage&q&f=false>. John Owen (ca. 1564-ca. 1622/1628). Humanista y poeta latino galés, llamado "el Marcial inglés" por su habilidad como autor de epigramas latinos. Sus libros *Epigrammata*, publicados en Londres en 1606, tuvieron múltiples traducciones y ediciones. El poeta Francisco de la Torre y Sevil (1625-1681) los tradujo al español con el título de *Agudezas de Juan Owen, traducidas en metro castellano ilustradas con adiciones y notas* (Madrid, Imprenta del Reino, 1674). Véase Inés Ravasini, "John Owen y Francisco de la Torre Sevil: de la traducción a la imitación", en Ignacio Arellano *et al.* (eds.), *Studia Aurea. Actas del III Congreso de la AISO* , Pamplona/ Toulouse, Griso/Lemsi, 1993, pp. 457-465, disponible en Centro Virtual Cervantes, <http://cvc.cervantes.es/literatura/aiso/pdf/03/aiso_3_1_045.pdf>. Véase también Sylvain Durand, *La Recreation poetique. Traduction et Commentaire des epigrammes de John Owen (1564?-1622), Tome 2. (Traduction)*, thèse de doctorat de lettres latines, Université Sorbonne Nouvelle-Paris 3, Décembre 2012.

—¿Gallo? —le pregunté—.

Y ella me dijo:

—No, que no es tan girillo[279] como el antecedente, aunque en ser *eclesiásticos* son de un *pelo* y no desigual *pluma*.

Desembozóse y púsome delante un corderito. Yo que lo vi, conociéndolo luego, le dije:

—Vives engañada, que este caballero no es eclesiástico, sino el señor don Matías de Argüelles, y aunque tú por verlo todo el día en la Iglesia rumiando colaterales y engullendo portátiles[280] lo presumas *eclesiástico*, no es sino secular.

—¿Pues en qué conociste tú —me replicó ella— ser ese caballero?

—¿En qué? En su mansedumbre, y en que ha días que le oigo andar *balando* por *mamar* el premio, y lo veo andar huyendo los *dientes* del *lobo* del *vejamen.*

—Pues ves —dijo ella— yo no me engaño, que el señor don Matías ha sacado la *lana*[281] por cierto religioso cuya modestia le obligó a ocultar la cara, y este, aunque trae su *piel de cordero,*[282] es un *tigre* en esto de los versos, y por eso obtuvo segundo lugar en este asunto sin hacerle ningún favor, de que son buenos testigos sus dísticos.

—¡Vengan acá! Y leo:

279. Juego de palabras. Dicho de un gallo, significa que es de color oscuro con las plumas del cuello y de las alas amarillas o plateadas. Pero 'giro' significa también amenaza, bravata y fanfarronería. *DRAE, s.v.* "Giro".

280. Colaterales: naves, capillas o altares que están en las iglesias a los lados de los principales o mayores. Portátiles: probablemente altares portátiles que podían erigirse en cualquier sitio por facultad o privilegio. *Aut., s.v.* "Colateral"; "Portatil".

281. Con el sentido de sacar la cara.

282. Juego de palabras por "piel de lobo".

Plaudas Mercurium Hispanū, qui divite nex ------- *V,*
Haec nova foecla veat, Lilia spargit Amo ---------- *R.*
Id nūc Phoebe canēs plaudas, quia pacis amoen ---- *E,*
Laetanti ramo frondet Amoris ape ----------------- *X.*
Immineat, licet, & Mavors turbante tumult ------- *V,*
Pectora erant plausus, certaquè certa su ----------- *I.*
Vota monet: monet hoc niveo victoria vult -------- *V,*
Sedum hoc portendit candidiore di --------------- *E.*

Canten, alumnos de Apolo,
cuando el Mercurio español,
que aplaude festivo el Sol
hoy es de dos mundos polo.

Las lises de Clodoveo[283]
une con el león de España,
con que no se ve en campaña
de Marte el semblante feo.

Todo es aplauso gritado,
todo prodigios festivos,
pues gallo y león, ya no esquivos,
mira este siglo dorado.

Y si acaso aquel insano
coraje, a Belona[284] incita,
la victoria que acredita
España, da de su mano.

—¡Vive Apolo! —dijeron las musas— Que a vista del premio puede
este cordero trocar el *mee* en *mihi,* que muy bien merece el dativo.

283. Clodoveo I (ca. 466-511). Fundador de la monarquía de los francos, a quienes
gobernó entre 481 y 511. Recibió el bautismo del que después fuera san Remigio, en la
catedral de Reims.
284. Diosa de la guerra en la mitología romana.

—Así lo creen los señores jueces —dije yo— pues le dan esas cinco *bolitas* de plata para que *pelotee*, y yo de mi parte digo a su merced que no le daré nada, porque lo que le podía dar, que eran cuatro palabritas, su merced las excusa,[285] a bien que a quien le preguntare qué le di, le responderá:

[Poeta:] *Maecenas non verba dabat, sed praemia doctis:*
[Magnas:] *Quid dare mi praeter verba Poëta potest?*[286]

Del poëta la lengua cese,
que por roer rabiando está,
que en ese-inter el juez da
el premio, que es inter-ese.

Pues según buena opinión,
aunque el poëta se desabra,[287]
esto de dar de *palabra*
no me parece *razón*.

—¡Apolo te favorezca! —le decían las musas a Circe—.

Que tendida de bruzas [*sic*][288] daba a entender habérsele ido el conejo; y era cierto, porque el reverendísimo padre fray Juan de Zarazúa (quien mereció el tercer lugar en este asunto), como no es el primer *tiro* de vejamen que se le asesta y ya sabe lo que es su *munición*; *aposta*[289] no quiso aguardarlo y se nos fue de entre las manos, no porque yo nunca he puesto la *mira* en ello, que a haberlo hecho *punto*[290] no obstara el que lo llevara su reverencia y no su apoderado, que lo es el señor bachiller don Manuel Calera.

---

285. En el original: escusa. Las disculpa.
286. [Poeta:] Mecenas no ofrecía palabras sino premios a los poetas cultos. [Magna:] ¿Qué me puede ofrecer un poeta además de palabras? Se trata del epigrama 223 del libro IV de los ya mencionados *Epigramas* de John Owen, *op. cit.*, p. 34.
287. ¿De desabrir? Disgustar, desazonar el ánimo a alguien. *DRAE, s.v.* "Desabrir".
288. Boca abajo. *DRAE, s.v.* "Debruces". Labios. *DRAE, s.v.* "Bruces".
289. Adrede. *DRAE, s.v.* "Aposta". En el original: â posta.
290. Con el sentido de punto de mira: hacerlo el blanco de sus disparos.

Circe estaba muy corrida[291] de que se le hubiera ido la caza, y más que fue sobrada inutilidad, pues sin ser necesario cogerlo de las orejas podía en las narices haberle puesto una maroma[292] a que estuviera atado, que, aunque conejo, es narigón, y tanto, que temiendo estoy que con estar en los *Ojuelos*[293] treinta leguas de este lugar, si se le antoja subirse sobre sus *narices* me ha de estar mirando como por una *ventana*.[294] En fin, dejemos esto, no sea el Diablo[295] que se *suene*,[296] y si su reverencia lo sabe nos *suene*[297] y haga tasajos.[298]

Las musas reprehendían a Circe porque había dejado ir el [*sic*] conejo y ella satisfacía con decir que sus versos suplirían la falta de persona, porque aunque ella era *sabrosa*, ellos también, por lo doctos, *sabían*; que los leyera el secretario y ellas los *aprobarían* y verían. Abrílos, pues, y vi que decían:

Populeam gestat virgam maiugena fast------------*V*
Hanc gesit signo foederis illae vase-----------------*R*
Iucundam retulis virgam generosè Philipp----------*E*
Luareolae pacis pignora quoque saga -------------*X*
Ingenuus curas, nostrum coniungere nex ----------*V*
Primum quem iubes vincla subire tor-------------*I*
Verè Athlantiades melior sis inclytè iuss -----------*V*
Sic det noster amor gaudia laeta ben--------------*E*

Parabienes males quitas
dando con compases, paces.

291. Avergonzada, confundida. *DRAE, s.v.* "Corrida".

292. Cuerda gruesa de esparto o cáñamo que sirve para atar y levantar grandes pesos. *DRAE, s.v.* "Maroma".

293. Probablemente se refiera a la población al suroeste de la ciudad de Zacatecas, actualmente perteneciente al municipio de Monte Escobedo.

294. Por analogía con las ventanas de las casas, se llama así a la abertura del cañón de la nariz que sirve para la respiración. *DRAE, s.v.* "Ventana".

295. En el *Vocabulario de refranes* de Gonzalo Correas aparece una expresión similar: "No sea el diablo que me engañe".

296. Juego de palabras: que se mencione o se cite. *DRAE, s.v.* "Sonar". Pero refiriéndose también a sonarse la nariz.

297. Pegue, castigue, maltrate o venza en una disputa. *DRAE, s.v.* "Sonar".

298. Acuchillar, criticar. *DRAE, s.v.* "Tasajear". Tajada de cualquier carne, pescado o fruta. *DRAE, s.v.* "Tasajo".

Justo es que dos casas cases
pues real sucesión suscitas.

De Mercurio curia afrentas
caduceos entre lazos lises
gran Philipo; paces pises
si en dos reinos tronos asientas.

Por tu acuerdo, cuerda Francia
tu prudencia justa, ajusta;
y al hereje el susto asusta,
juego a juego en la ganancia.

Hoy el conde conducido
de su gran nobleza, esa
acertada empresa expresa,
que en parabién ha servido.

—Ya está probado —dijeron las musas— y no solo *sabe*, sino que *tiene sal* y *pimienta*. El señor su apoderado le enviará en nombre de los señores jueces esas cucharas y esos tenedores de plata, mientras para alcanzarlo le suelta el secretario ese galgo:

Tongilianus habet nassum, scio, non nego; sed iam
Nil praeter nassum Tongilianus habet.[299]

Tienes narices felices
que a todos dejan atrás,
padre, porque no eres más
todo tú que tus narices.

Recibe, sin desconsuelos,
que te envía el docto certamen,
de *narices* un vejamen,
y ponlo entre tus *ojuelos*.

---

299. Tongilianus tiene una nariz, lo sé, no lo niego; pero ya nada excepto nariz tiene Tongilianus. Marcial, *op. cit.*, XII, LXXXVIII. En Marcial: *nasum.*

Volvió Circe para la cueva, y luego que hubo abierto salió de ella un *moscón* o *jicote*,[300] que según lo que zumbaba me pareció que venía con todo el enjambre de ellos.

—Este bachiller don Joaquín Balderas —decía Circe— es todo un puro *alboroto*, y por eso le tengo convertido en este animalejo, pues a la presente ha hecho más *ruido* con sus versos que pudiera hacer una carreta nueva con sus ejes. A todos se los ha enseñado. No ha habido partera que no los *tiente*, ni curandero que no les tome el *pulso*, y además de esto tiene otras propriedades semejantes a este animal, que si él en todas las flores pica para sacar miel, el señor bachiller es tan *melero* o *meloso*[301] que no hay cosa en que pique que no alabe, ora[302] sea buena o mala.

—Es verdad —le dije—[303] por señas que el otro día le dijo a Espino que le agraciaba el ojo tuerto, y a mí, leyéndole un papel de disparates, me dijo que estaban bellísimos y que no había entendimiento como el mío. Ello es temible su picada, Dios nos libre de experimentarla.

—Lea sus versos el secretario —dijeron las musas— y déjese ahora de bullir esa jicotera.[304]

Leí, pues, y decían:

Progenies Galli Sillenius vndique cult -------------- *V.*
Hispanio solio iunxit, & vnus amo ------------------- *R*
Iste sunt virgae pacis, ex omnibus ecc -------------- *E*
Luceat, & regnet iam Mariana frute --------------- *X*
Istis est dignum gratis persolvere stat ------------- *V*
Praecipue cedant viribus arma sib ----------------- *I*
Vnio laudetur, quae vinxit praelia nex ------------- *V*
Solemnes paces sunt tibi; semper av --------------- *E*

---

300. Avispa gruesa de cuerpo negro y abdomen amarillo, provista de un aguijón con el cual produce heridas muy dolorosas. *DRAE, s.v.* "Jicote".

301. Mielero. *DRAE, s.v.* "Melero". Dulce, apacible. *DRAE, s.v.* "Meloso". Con el sentido de adulador.

302. Ahora. *DRAE, s.v.* "Ora".

303. En el original: le dijo.

304. Panal. Bullicio, alboroto. *DRAE, s.v.* "Jicotera".

Mercurio, y un solo amor
unió en España esta vez,
reales ramas del francés
con culto bien superior.

Estas son paces, y de ellas
ves ahí[305] las paces avaras
Mariana, y a prendas caras
florezca como hay estrellas.

Parabienes es muy justo
a estos rendir, por su estado
supuesto, que han sublimado
armas con fuerzas: ¡qué gusto!

Esta unión es bien alabes,
que da a las guerras dos nudos
y embraza fieles escudos
de tranquilas paces suaves.

—Tiene razón —dijeron las musas— que son sus versos para muy vistos.[306]

—Así lo [re]conocen los señores jueces —respondí yo— y por eso le dan ese corte de sotana de capichola, con eso hará ruido hasta por la *cauda*,[307] y yo le doy esta *puntadita* para que no se *descosa*[308] tanto en alabar a *trochi mochi*:[309]

---

305. En el original: ay.

306. Probablemente se refieran a que ya eran muy conocidos por habérselos enseñado a todos, sin embargo, podría significar también, por el contexto, que eran "vistosos", que resultaron llamativos para los jueces.

307. Cola o extensión del faldón de la capa magna o consistorial. *DRAE, s.v.* "Cauda".

308. Descubrir lo que pretendía callar. *DRAE, s.v.* "Descoser".

309. Disparatada e inconsideradamente. *DRAE, s.v.* "A troche y moche".

Ne laudet dignos, laudat Calistratus omnes;
Cui malus est nemo, quis bonus ese potest?[310]

No sé si alabas con fraudes
a todos, o si con tretas,
y dudo que sean *completas*
mi Joaquín esas tus *laudes.*[311]

Para quien nadie es precito,[312]
¿quién podrá ser el salvado?
Trata de que sea *alabado*[313]
Joaquín, lo bueno y *bendito.*

—Ya estamos —dijeron las musas— en el segundo asunto, el que no nos toca ahora probar porque en toda la introducción no se ha hecho otra cosa que averiguar si de los casamientos resultan o no paces, y habiendo ya hablado sobre este particular fuera multiplicar entidades sin necesidad.

Esto decían las musas a tiempo que ya Circe venía de la cueva con el muy reverendo padre fray Ventura Franco, del orden de nuestro padre san Agustín, dignísimo sup[e]rior en el convento de esta ciudad, cuya transformación era en la figura de un *cuervo* (alias cacalote),[314]

310. Para evitar alabar a quienes lo merecen, Calístrato elogia a todo el mundo. "¿Quién puede ser bueno a los ojos de un hombre para el que nadie es malo?". Marcial, *op. cit.*, XII, 80. En Marcial: *esse.*

311. Partes del oficio divino o liturgia de las horas, que es un conjunto de oraciones organizadas para ser rezadas en determinadas horas del día, llamadas horas canónicas: *maitines* (la oración de la mañana o *matutine laudes*, durante las primeras horas del día, poco después de la media noche), *laudes* (antes de comenzar las labores), *prima* (primera hora después de salir el Sol, aproximadamente a las 6 a.m.), *tercia* (8 a.m.), *sexta* (11 a.m.), *nona* (2 p.m.), *vísperas* (al atardecer) y *completas* (al acostarse).

312. Réprobo, condenado a las penas del infierno. *DRAE, s.v.* "Precito".

313. Probablemente un juego de palabras: por un lado significa celebrado, pero por otro, en la liturgia católica, es un motete en alabanza de la eucaristía que comienza con las palabras "Alabado sea". *DRAE, s.v.* "Alabar", "Alabado".

314. Nombre genérico de varias especies de cuervo americano con plumaje en gran parte negro. *DRAE, s.v.* "Cacalote".

quizá porque es su reverencia tan espacioso[315] que todo lo deja para *mañana*, y si no, díganlo sus versos que fueron los últimos que vinieron al certamen:

—De esta ave [—dije yo—] se dice ser la más negra de las aves, como su reverencia,[316] que no es nada blanco;[317] es algo impaciente y así a todos les *saca los ojos*.[318]

—Buen conocedor te vas haciendo —me dijo Circe—. Él es, que no hay que dudar, y en este asunto tuvo primer lugar su *graznido*, que pudiera aplazarse[319] por *tiple*[320] del más entonado cisne. Léelo y verás lo que te digo, pues como buen *cuervo* fue *hurtándole a Virgilio* los mejores heroicos para el asunto.

Cogílos, pues, en la mano, y vi que decían:[321]

315. Despacioso. *DRAE*, *s.v.* "Espacioso". Lento, pausado, tardío, reposado, flemático. *DRAE*, *s.v.* "Despacioso". Por el contexto: procastinador.

316. Por alusión al color del hábito que visten los agustinos.

317. Juego de palabras: probablemente se refiera al color de la piel del personaje vejado.

318. Apretar e instar con molestia a alguien a que haga algo. Competiciones importunas. *DRAE*, *s.v.* "Sacar los ojos".

319. El autor emplea este vocablo con el sentido de reemplazar: intercambiar una cosa por otra.

320. Voz aguda del más celebrado poeta.

321. En el caso de los centones galardonados en el Asunto II, hay que advertir que ya sea porque los autores citaban de polianteas o porque lo hacían de memoria, no siempre hay coincidencia entre la referencia y su ubicación en el original, así como tampoco en cuanto a la exactitud de la cita. Por ejemplo, anotamos enseguida las discrepancias entre los pasajes citados y las fuentes originales verso por verso: 1. Virgilio, *Eneida*, XII, 838; 2. Mafeo Veggio, *Suplemento de la Eneida*, XIII, 573; 3. *Eneida*, IV, 127. En Virgilio: *Hic*; 4. *Suplemento...*, XIII, 474. En Veggio: *Tum*; 5. *Suplemento...*, XIII, 475. En Veggio: *Et multa canun*; 6. *Eneida*, II, 716. En Virgilio: *veniemus*; 7. *Suplemento...*, XIII, 477. En Veggio: *volutant*; 8. *Eneida*, VIII, 143; 9. *Eneida*, V, 309. En Virgilio: *accipient* y *nectentur*; 10. *Suplemento...*, XIII, 577. En Veggio: *felix quem*. El *Suplemento de la Eneida* (*Supplementum Aeneidos*) fue escrito por Maffeo Vegio (1407-1458), un agustino humanista italiano, e impreso en 1428. Fue traducido al castellano por Gregorio Hernández de Velasco con el título de *El treceavo libro de la Eneida de Mapheo Veggio*, Zaragoza, Lorenzo y Diego de Robles, 1585. El suplemento fue añadido a la traducción de la *Eneida* del año siguiente: Publio Virgilio Marón, *La Eneida [...] en esta vltima impression reformada y limada [...] hase añadido a la primera impression lo siguiente, las dos Eglogas de Virgilio, primera y quarta, el libro tredecimo de Mapheo Veggio... intitulado Suplemento de la Eneida de Virgilio, la Moralidad de Virgilio sobre la letra de*

1. *Hinc genus Ausonio mixtum quod sanguine surget*   *L. [sic] p. 12, v. 925*
2. *Infer ad aeternum, mansuros tempus honores;*   *Sup. 2, 238*
3. *Hinc Hymenaeus erit, non adversata petenti*   *AEn 4, 126*
4. *Tunc verò aeterno iunguntur foedera nexu,*   *Sup. 474*
5. *Connubij, multaque canunt cum laude Hymenaeos*   *Ib. 475*
6. *Hanc ex diverso sedem veniamus in vnam;*   *Ib. 146*
7. *Et laetam vocem, per Regia tecta voluptant,*   *Su. 177*
8. *Sic genus amborum scindit se sanguine ab vno*   *AEn 12, 141*
9. *Accipiunt flavaquè caput nec tentetur oliva,*   *AEn 8, 140*
10. *O foelix! Quae tanta manent dehinc pace tenebis.*   *Su. 571*

> Es unida la sangre, inseparable;
> el vínculo nupcial, indivisible;
> el pacífico acierto, indubitable.
> Explicar tanto honor, es imposible;
> es unido el poder, incontrastable.
> La victoria en la unión, es infalible;
> luego nupcial unión de troncos reales
> pronósticos de paz son inmortales.

—Mucho se *remonta* este padre —dijeron las musas—. Vaya enhorabuena y dénle en nombre de los señores jueces ese relicario de oro para que lo libre de las iras y le aplaque la condición.

—¡Tengan, que falto yo! —dije— Que le quiero dar para que se entretenga ese dístico de[l] señor Marcial:

Pytagora, una tabla..., la vida de Virgilio. Zaragoza, Lorenzo y Diego de Robles, 1586. Esta traducción tuvo varias ediciones. La de 1777, titulada, *Continuación de la Eneyda de Publio Virgilio Maron, traducida por el dotor [sic] Gregorio Hernandez de Velasco. El suplemento de la Eneyda de Mafeo Veggio. Poesía sobre el testamento de Virgilio. La letra de Pitágoras. Todas las dichas obras con las traducciones del Dotor Gregorio Hernandez de Velasco. Declaraciones del mismo, que sirven de Índice y los catalectos de Virgilio*, Valencia, Oficina de Josef i Thomas de Orga, se puede consultar y descargar en Google Books, <https://books.google.com.mx/books?id=FmFzMPTy8J8C&printsec=frontcover&dq=Continuación+de+la+eneida&hl=es-419&sa=X&ved=0ahUKEwiapsPt5aLLAhVjmYMKHdxOCh8Q6AEIGjAA#v=onepage&q=Continuación%20de%20la%20eneida&f=false>. Consideramos que no era relevante repetir este ejercicio en los siguientes poemas, además de que el resto de los autores no fueron tan precisos en citar sus fuentes.

> *Cras te victurum, cras dicis Posthume semper.*
> *Dic mihi cras istud Posthume quando venit?*[322]

> Mañana, y mañana gana
> para perder tiempo espacio,
> y ese tu *mañana* reacio
> ¿piensas vencerle? *Mañana.*

> Tus versos de sublimados
> el tardarse los limita,
> que el ser *últimos* les quita
> el que sean aventajados.

Ya Circe venía de la cueva trayendo por delante a un pavón[323] muy alindado,[324] y luego que llegó a mí me dijo:

—Veamos si conoces a este tan fácilmente como al otro.

A [lo] que le dije yo:

—¿Es bueno que conocí a *Gonzalo* y no quieres tú que conozca a González? Eso no, que aunque su reverencia se haya querido dar mil *colores* fingiendo y firmando sus versos de todo un *convento*, y aunque no me los hubiera enseñado antes, en viéndolos yo tan *singulares* había de creer que no eran de *comunidad*. ¡Y le aseguro al padre fray Antonio González que le he de dar yo una *pavonada*[325] que le he de hacer salir más colores que los que su reverencia se ha dado, no sino que quisiera quedarse sin vejamen por su linda *cara*! ¡*Bonito* yo para eso!

---

322. Dices que empezarás a vivir mañana, "mañana" dices, Póstumo, siempre. Dime, ese "mañana", Póstumo, ¿cuándo llega?. Marcial, *op. cit.*, V, LVIII.

323. Pavo real. *DRAE, s.v.* "Pavón".

324. Presumido en exceso. Afectadamente pulcro. *DRAE, s.v.* "Alindado".

325. Ir a recrearse o divertirse. *DRAE, s.v.* "Darse alguien una pavonada".

—Dejemos ahora de lindezas —dijeron las musas—, y usted, so[326] secretario, tome esos versos y léalos, que para eso tienen el segundo lugar y deben ser muy bien vistos.

—Léolos, pues —dije—.

1. *Talia connubia, & tales celebrent Hymenaeos.*
2. *Egregium veneris genus, & Rex ipse Latinus;*   *AEn v. 447.*
3. *Te super Aethereas errare licentius auras*
4. *Haud Pater ipse velit summi regnator olimpi*
5. *Hunc illum fatis externa à sede profectum*
6. *Portendi generum, paribusquè in regna vocari*
7. *Auspicijs i hinc progeniem virtute futuram,*   *Ib. v. 155.*
8. *Egregiam, & totumquè viribus occupet orbem*
9. *Tendem laetus ait Dij nostra incepta redundent;*
10. *Sed quis erit modus? Aut quo Certamine tanto?*
11. *Quin potius pacem aeternum, pactosquè Hymenaeos*   *Ex AEn 4. v.214.*
12. *Exercemus? Habes quod tota mente petisti.*

Celebre tal consorcio la excelente
venusina[327] progenie y rey triunfante,
y el alto Jove quiera que eminente
su fama surque la región vagante,
cuando en extirpe clara refulgente
prosperen dioses, comenzado Atlante,
de lo extraño escogido por el hado
a quien ya de sus reinos es llamado.
De futura virtud claro topacio,
ofrece al orbe con igual auspicio,
a quien alegre dice, por su espacio;
¿mas qué modo será este, que, propicio,
celebra nupcias de tan real palacio?
Cuando a perpetua paz de su ejercicio
(aún sin certamen) tienes al intento,
lo que pediste con entendimiento.

326. Se usa para potenciar el significado del adjetivo o del sustantivo al que antecede, generalmente con sentido despectivo. *DRAE, s.v.* "So".

327. Puede tener dos sentidos: natural de Venusia, ciudad de Italia, o de Venus. *DRAE, s.v.* "Venusina".

—¡Miren qué hermosura! —dijeron las musas— désele de premio en nombre de los señores jueces esa cigarrera y esa cajuela de polvos de plata, ambas alhajas, la una para que lo enseñe a conocerse *polvo*, y la otra para que le amoneste que toda hermosura es *humo*.[328]

Circe, dijo:

—Esperen vuestras mercedes que resta preguntar: ¿por qué está el secretario tan mal con este padre?

Y yo respondí:

—Tengo razón, porque antes que supiera que tenía premio todos los días me visitaba, y después acá no le he vuelto a ver la cara; y en despique[329] de esto le he de dar ese dístico de Marcial:

Dum me captares mittebas munera nobis;
Postquam caepisti das mihi Rufe nihil.[330]

> Por darte, es cosa asentada,
> que tus visitas perdí,
> pues se te dio *más* de mí
> cuando no se te dio *nada*.

> Que te *avergoncé* entendí
> con darte premio, y acierto,
> pues luego, con darte, es cierto,
> parece que te *corrí*.

Zumbaba entonces el bachiller don Joaquín Balderas que se había quedado allí, tan recio, que les obligó a las musas a conocer que tenía también lugar en este segundo[331] asunto. Y no se engañaban, porque

---

328. Juego de palabras: para que sea humilde.
329. Satisfacción o venganza que se toma de alguna ofensa o desprecio que se ha recibido. *DRAE, s.v.* "Despique".
330. Mientras tratabas de cazarme me enviabas regalos, después de que me atrapaste, Rufo, nada me das. Marcial, *op. cit.*, IX, LXXXVIII. En Marcial: *Cum, cepisti.*
331. Errata. En el original: tercer.

era así, que tenía el tercero. Y es cierto que al jardín de Virgilio le chupó también las *flores*, que les sacó unos versos que no solo se podían hacer *miel* para el asunto, sino *miel* y *cera*, y aun *cera* y *pabilo*; pero eran tales sus zumbidos que ya nos tenía atarantados, [y] yo me acordé de que lo mismo hace cuando va con la vara de palio[332] respondiendo a los salmos, que suelen sus gritos no dejar oír las campanas en el repique.

—¡Válgate Apolo por moscón! —decían las musas— ¡Y cómo en cada picada nos llena la cabeza de viento! Y puesto que el remedio está en la *cola*, lee sus versos para que de una vez la *voltee*:

1. *Iam nova progenies Coelo demittitur alto;*	*Egl. 4, v. 6.*
2. *Est mihi gnata viro gentis quam iungere nostra,*	*Ex. 7, AEn. v. 267.*
3. *Non patrio ex adyto sortes, non plurima Coelo*	
4. *Monstra sinunt; Generos externis afforet ab oris;*	
5. *Hoc latio restare canunt qui sanguine nostrum*	
6. *Nomen in Astra ferant, hunc illum poscere fata*	
7. *Aspera tum positis mitescent saecula bellis;*	*Ex. I, AEn. v. 291.*
8. *Sed quis erit modus? Aut quo nunc Certamine tanto?*	
9. *Quin potius pacem aeternam, pactosquè Hymenaeos*	*Ex. 4, AEn. v. 98.*
10. *Exercemus? Habes quod tota petisti.*	

Ves aquí unida nueva descendencia,
enviada, por amor, del alto cielo;
tengo una hija que manda la prudencia
no despose con patrios de su suelo;
y al extraño marido es conveniencia
al matrimonio admita con desvelo;
este, con sus hazañas, nuestro nombre
al cielo llevará para que asombre.
 Este mismo es a quién piden osados
con señales del cielo muy patentes,
y de mi padre el templo y sus sagrados;
a Italia dicen ser muy convenientes
para que se unan reinos separados

332. Especie de dosel que sirve en las procesiones para que el sacerdote que lleva el Santísimo o alguna imagen vaya cubierto de las injurias del tiempo y de otros accidentes. *DRAE, s.v.* "Palio".

> y gocen buen cuartel las nuestras gentes,
> y entonces cesará guerra enemiga,
> y miedo causará la honesta liga.

—Llévese —dijeron las musas— esos cinco *bollos* de plata que le dan los señores jueces, y esté cierto en que esto de *gritar* nunca es bueno.

—Eso —dije yo— a mí me cabe.[333] Tome ese dístico y cállese la boca.

> *Conticuisse nocet numquam, nocet esse loqutum;*
> *Linguam ergo imperio sedulus vsque tene.*[334]

> Por gastar tus apetitos
> parece que no conoces
> que si es mal pleito *el de voces*
> *ha de ser peor el de gritos.*

> Has de no gritar ensayos,
> y te harás a no gritar,
> Joaquín, que al fin el callar
> te ha de venir a criar callos.

—Basta —dijeron las musas—.

333. Con el sentido de cuadrar: conformarse, estar de acuerdo.

334. Nunca daña haber callado, duele el haber hablado, de modo que mantén siempre celosamente tu lengua bajo control. Al parecer, se trata de una locución latina de autoría incierta. Encontramos el pasaje en un poema atribuido a Johannes Campanus (1500-1574), un reformador religioso flamenco: *De loquacitate. Conticuisse nocet numquàm, nocet esse loqutum:/ Linguam ergo imperio sedulus usquè tene./ Lingua parens mediae scelerum est certissima partis:/ Hàc domità, medià cirimina parte ruunt./ Utque suum sensim perdunt hypocausta calorem,/ Ni studeas clausas semper habere fores;/ Sic quoque, quàm par sit si saepiùs ora recludas,/ Paulatim è medio pectore fervor abit./ Cùm tacet, haud quidquam differet sapientibus amens;/ Stultitiae est index linguaque voxque suae./ Ergo premat labia, digitoque silentia signet;/ Et sese Pharium vertat in Harpocratem. Anthologia poetica latina, cum materiis ad paginam adversam, excerpta ex probatissimis recentioribus poetis, partimque in linguam gallicam conversa. Auctore M. Thevenot, humaniorum litterarum censore, nec non Emerito professore quartae latinitatis scholae, in Collegio Trecensi. Pars prima*, Parisiis, Apud Augustum Delalain, DD. Barbou et Lallemant successorem, via Mathhurinensium, nº. 5, 1811, p. 121.

Porque ya vieron que venía Circe trayendo de la mano o[335] del pie, a un *gallo de la tierra* o *guajolote*, que muy ampón[336] le parecía que con sus plumas llenaba todo el ámbito[337] que hay desde el cielo a la tierra, y es cierto que el señor don Antonio Torres, con *sus plumas*, ya que no lo ha llenado, ha rellenado los *archivos* a *peticiones*.

—Este caballero —dijo Circe— como es de *Guanajuato* le adecúa todo lo que empieza con *gua*, como *gua*-camole, *gua*-racha, etc., y todo él es un puro *gua*, y si las señoras musas hacen refleja[338] en su andar lo verán, que es muy parecido al de este animal, a más de que en la *plana colorada* de su cabeza está escrita la similitud con los caracteres de sus *rugas*,[339] no porque le faltan sino que las *sorbe*;[340] y en esto de los versos de Virgilio le han dado lugar los señores jueces con muchísima razón, porque es muy buen *escribiente*, tanto, que en la secretaría del Pindo puede, por su oficio, tener plaza de *amanuense*, y si el secretario no lo cree, *sóplele el pico a ese guajolote*. Ahí están sus versos.

—¡Vengan! —dije yo— Que deseo verlos.

Y abriéndolos con gran tiento empecé a leerlos, y vi que decían:

1. *Si nulla accendit tantarum gloria rerum*   *Ex. AEn. 4, v. 232.*
2. *Per connubia nostra, per inceptos Hymenaeos*   *Ib. v. 315.*
3. *Accipite haec, meritumque malis avertite numen*   *Ib. v. 117.*
4. *Nesciat, & tantos rumpi non speret amores*   *Ib. v. 327.*
5. *Cuncti adsint; meritaequè expectent praemia palmae:*   *Ex. AEn. 5, v. 275.*
6. *Ore favete omnes, & cingit tempora ramis;*   *Ib. v. 72.*
7. *Experiar sensus; nihil hic, nisi carmina desunt:*   *Ex. Egl. 8, v. 67.*
8. *Ergo agiete, & cuncti laetum celebremus amorem.*   *Ex. AEn. 8, v. 67.*

---

335. En el original: u.

336. Amplio, con el sentido de esponjado. *DRAE, s.v.* "Ampón".

337. Errata. En el original: ambiro.

338. Reflexión. *DRAE, s.v.* "Refleja".

339. Arrugas. *DRAE, s.v.* "Ruga".

340. Con el sentido de absorber. Probablemente, un juego de palabras, porque por el contexto el vocablo que se esperaría es "sobren".

> Si no han subido glorias inmortales
> por los conceptos que escuadronan miles,
> estas, que el merecerlas hace iguales,
> a vuestros oídos den ecos pueriles,
> y a las deidades bélicas, fatales,
> decid, que aunque sus señas siempre viles
> turbar los quieran, no sabrán horrores
> romper ni desatar estos amores.
> Esperen todos, pues, más hermoseadas,
> las palmas empuñar bien merecidas;
> alabanzas entonen acordadas
> pues de olivas de paz miran ceñidas
> sus sienes eminentes y ufanadas;
> y pues solo las musas entendidas
> faltaban a aplaudir tan altos bienes,
> entonen glorias, canten parabienes.

—Gracias a Dios —dijeron las musas—, que hay guajolote *que suene* y *diga,* bien será que se le den esos dos pares de *medias* de Sevilla y calcetas para que no se queje de la fortuna.

—¡Ojalá —dije yo— y sea ese medio para que a todas horas no nos ande significando su desgracia, porque este premio, a más de ser honra, lo creerá de *punto*! Y llévese ese dístico de mi cuenta:

> *Quid mirum fortuna tibi, contraria quod fit?*
> *Crinita est illi frons Line, calva tibi.*[341]

> Torres, sin duda ninguna,
> que con el *premio* que alcazas,
> me dan buenas esperanzas
> de que ya estás de *fortuna.*

---

341. ¿Qué hay de sorprendente en que la fortuna esté en contra de ti, Linus? Aquel tiene la cabeza cubierta de cabello y la tuya es calva. Se trata del Epigrama 40 *Contra el desafortunado Linus (In Linum infortunatum),* del Libro VIII de los *Epigramas* de John Owen. El epigrama alude a la representación alegórica de la Fortuna o la Oportunidad donde se le pinta calva para evitar que quienes la persiguen la tomen por los cabellos.

Bien que su derecho a salvo
a ser tu contraria obtiene,
porque ella cabellos tiene,
y tú, mi Antonio, eres calvo.

—Gracias a Apolo que salimos bien de este asunto [y] vamos entrando en el tercero, en que es fuerza que entren haciendo su semana en este juzgado, Polimnia, Urania y Talía, a quienes se les ha encomendado este y el que se sigue, por ser más de su profesión —decía yo—.

Y las señoras dichas musas, tomando sus asientos, especularon ser este tercer asunto de parabienes, y por eso no necesitar de mucha prueba para deducirlo de la estatua, que ya san Lorenzo Justiniano había hallado la similitud de parabienes en la hacha de ella, o para mejor decir, en el fuego de la hacha de la estatua: *Quem ad modum* –dice- *materialis ignis, pedetentin, nisi vnde nutriri valeat frequenter super adjiciatur minuitur: ita & mutuus mortalium amor, si non crebris benevolentiae exerceatur officijs* (Cit. À Poliant. Verb. *Amor*).[342] Con que parece estar deducido el asunto del argumento.

342. Del mismo modo que el fuego material, que paso a paso aminora a menos que frecuentemente se le añada algo que lo nutra para hacerse fuerte, así es el amor mutuo de los mortales si no es movido por sentimientos de benevolencia. No encontramos la fuente original de este pasaje, pero sí una fuente secundaria: se trata del primer párrafo del *De Christi Corpore Sermo Devotissimus del Divi Laurentii Justiniani protopatriarchae Veneti*, incluido en el libro *Humanus afectus, quamvis in singulis naturaliter vigeat, est tamen semper, ne tepescat, seu deficiat funditus, beneficiis nutriendus. Nam quemadmodum materialis ignis incendium pedetentim, nisi vnde nutriri valeat frequenter superadiiciatur, minuitur, ita & mutuus mortalium amor, si non crebis benevolentiae excerceatur officiis*. En *Divi Laurentii Justiniani Protopatriarchae Veneti Opera Omnia. Quae hactenus excusa sunt. Nunc recèns post omnes alias aimpressiones, & numero marginum multò quàm locupletata, & innumeris penè locis vigilantiori cura, & diligentia recognita, atque emendata, quorum lectio studiosis omnibus, praesortim concionatoribus, quàm sit utilis, & necessaria, tertia pagina indicabit. His accessit ejusdem Authoris tractatus de Incendio Divini Amoris, nunquam antea in lucem editus, opus sanè aureum, mira devotione, soliloquiisque refertum, ad emolienda obdurata corda praesentissimum pharmacum, ut quisque in legendo facile in seipso experiri poterit. Cum indice rerum, locorumque sacrae scripturae locupletissimo. Ac Auctoris vita in principio praemisa*, Venetis, apud Hermolaum Albritium, thypographum, ac Bibliopolam Venetum in via Mercatoria propè S. Salvatoris Ecclesiam sub signo nominis Mariae. Qui olim erat apud Sancti Juliani Ecclesiam, nomine Hieronymi Albritii suimet Patris.

"Muy bien lo hacen las tres señoras nuevas" —iba yo a decir— cuando ya Circe venía de la cueva con un *armiño*, que aunque más hacía yo por conocerlo se quedaba mi curiosidad en *blanco*[343] y mis conjeturas solo pasaban por *candideces*, bien que por el *color* no me dejaba de dar en las narices algún resquicio de ser el reverendísimo padre fray Juan de Argola, dignísimo comendador del convento de Nuestra Señora de la Merced Redención de Captivos de esta ciudad, pero ese juicio se me deslumbraba al ver que su reverendísima es muy *grande* para poder disfrazarle en figura de un animalito tan pequeño, pero Circe, con sus razones, hizo que ya acabara de asentir en ser el dicho, porque me dijo que había días que se andaba *haciendo chiquito*[344] por tocar el premio, pero yo le respondí:

—Con eso y sin eso ahí están sus versos que merecen no solo el premio, pero el primer lugar en este asunto; y si no, óyelos:[345]

Vivientes	Tiorbas[346]	Reverentes demos
Ingenuos	Vnos	Ecos, que resuenen,
Vmildes,	Raros	Ingeniosos dones,
Alegres,	I más	Nobles parabienes.
Notables,	Altos,	A consorcios tales
Delicias	Suaves,	Delicados tiemplen [*sic*];
Orgullos,	Yras, y	Ecos rencorosos,
No vanos,	Dignos,	Fértiles laureles.
Las graves	Orlas,	Rasgos, que se agravan
Uniendo	Nobles,	Afianzando indemnes,
Invictas	Armas;	No ya lises, luces
Sagrados	Miran;	Congruo escudo tejen.

Superiorum permissu, ac privilegio, 1721, p. 386. San Lorenzo Justiniano (1381-1456) fue un prelado italiano, patriarca de Venecia. Fundó la Congregación de San Giorgio in Alga, de la cual fue primero prior y luego, general. Fue canonizado en 1690 por el papa Alejandro VII.

343. Juego de palabras: hace alusión al hábito de los mercedarios.

344. Disimular lo que se sabe o lo que se puede. *DRAE*, *s.v.* "Hacerse el chiquito".

345. En este tipo de poemas mantuvimos la ortografía original cuando modernizar hubiera alterado el acróstico.

346. Instrumento musical de cuerdas algo mayor que el laúd. *DRAE*, *s.v.* "Tiorbas".

Parleras	Aves,	Incansables trinen
Risueñas	Ritmas,[347]	A tan altos bienes;
Ingentes[348]	Iris,	Matizados arcos,
Nítidas	Albas,	Vellas paces muestren.
Con tales	Veras,	Célebres amables[349]
Ideando	Iugos,	Humillar intenten
Potencias,	Cuellos,[350]	Osadías, traiciones,
En malos	Tratos,	Seños y esquiveces.
Distintos	Orbes	Alabanzas rindan
Eternas,	Regias,	Numerosas siempre,
Aun las más	Iermas	Oquedades[351] canten
Sensibles,	Arduas,	Sílabas perennes.

[Nota:] *Todo el renglón junto hace verso de once sílabas; desde el segundo acróstico hace verso de ocho, y desde el tercero hace verso de a seis sin que haga falta al sentido lo que se va quitando.*

—Muy bien dice el secretario —dijeron las musas— y más que bien hacen los señores jueces en darle ese cintillo con varios géneros de piedras como son diamantes, esmeraldas y rubíes porque tenga diversidad de ellas, ya que tiene *primera* entre las *atenciones* que se deben a los que versaron en este asunto.

—Tengan, —dije yo— que contra el padre *comendador* tengo yo también la *encomienda* del vejamen, y será justo que a donde lleva el *cintillo* acomode también el *cordelejo*,[352] y así:

> Si lo blanco satisfecho,
> padre mío, os tiene tanto,

347. Sujetar a ritmo. *DRAE, s.v.* "Ritmar".

348. Muy grandes. *DRAE, s.v.* "Ingente".

349. Jorge Gutiérrez Reyna especula que podría ser una errata por "amantes". *Óyeme con los ojos. Poesía visual novohispana*, prólogo y notas de Jorge Gutiérrez Reyna, ilustraciones de Mateo Pizarro, Ciudad de México, Consejo Nacional para la Cultura y las Artes/La Diéresis Editorial Artesanal, 2014, p. 38.

350. Errata. En el original: Cuelllos.

351. Insustancialidad de lo que se habla o escribe. *DRAE, s.v.* "Oquedad".

352. Dar chasco, zumba o cantaleta. Dar largas, entretener a alguien con falsas esperanzas. *DRAE, s.v.* "Dar cordelejo".

que porque sea al mundo espanto
hasta *hábito* lo habéis hecho.

Como no advertisteis franco,
al coger el premiecillo,
que es muy poco albo el anillo
¿qué es ahora vuestro blanco?

—Buenas noches —decía en esto Circe— y dejemos sosegar al padre.

A cuya voz a un tiempo metimos manos a limpiarnos los ojos, así yo como las tres señora musas, ya para defendernos de un huracán de lagañas que se había levantado en el Parnaso, o ya para desengañarnos de si era verdad que tan breve nos había anochecido según las voces de la señora bruja; hasta que bien limpios los ojos conocimos que a uno y otro daba motivo el habérsenos aparecido allí la *lechuza* del señor don Basillo Gómez o, por mejor decir, el señor don Basilio en figura de *lechuza*; y como esta ave es *nocturna,* el verla dio causa a Circe para que creyera ser de noche, como también la multitud de *legañas* que a *todas horas* caen de los ojos de este caballero, *aventadas* con el *aire* de su labirinto (que por bueno mereció el segundo lugar en este asunto) fueron bastantes a levantar el tempestuoso *remolino,* que a no ser por las amigas manos nos hubiera *cegado,* cuando era menester *abrir tantos ojos* para ver los primores del señor don Basilio. Ahí están, que no dejarán mentir sus versos:

Viviendo	Tersas	Reverberen luces
Influencias	Vistas	En el arco puro
Vibrando	Rayos, que	Ymponiendo paces
Afectos	Insten,	Nominando efugios[353]
Notorios	Astros, que	Autoricen fieles
Del dogma	Sacro,	Derivado influjo;
Ostenten	Yris	Enlazando rayos,
Numeren	Dichas	Fulminando triunfos.
Los claros	Orbes	Refulgentes hallen,

353. Evasión, salida, recurso para sortear una dificultad. *DRAE, s.v.* "Efugio".

Vistosos	No[il.]tes,[354] que	Al amante nudo,
Impuestos	Arcos,	Noticiando glorias,
Solemne[s]	Miren	Coronado anuncio.
Publiquen	Ambos	Intrincados polos
Resguardos	Regios	Afianzando muros
I con teas	Ígneas	Muestren de Himeneo,
Nupciales	Aras	Vfanando cultos,
Contestes[355]	Vivan	Colocando afectos,
I siendo el	Index de	Himeneido fruto,
Prosperen	Cargo, que	Obtenido siempre
En claro	Trono	Sea de afecto mutuo.
Difuso el	Orden de	Agánipe en lluvias
El néctar	Riendo	Notifique al gusto
A dulces	Iras	Oprimiendo furias
Susurros	Arme	Su licor fecundo.

—¿Que este hombre, a más de su *ceguera* —decían las musas— sea tan amigo de andar en todo *a tientas*, como lo publica el haberse dedicado a *azoguero*, por lo que este oficio tiene de *tentaduras*?[356] ¡Y que siempre acierte los asuntos tan a las claras!

—¡Qué se admiran vuestras mercedes! —dije yo— Si en este caballero el *tiento*[357] con que los mira es la *delicadeza* con que los *pulsa*.[358] Bien es que se lleve esos cinco bollos de plata que en premio le dan los señores jueces; no será menester que los *tiente*, que ya ellos van hasta *quemados*, y mientras quiero yo a su mereced tostarlo:

Don Basilio, por ti asiento
que el premio fue tu ahínco todo,

354. La versión consultada presenta aquí una mancha.

355. El testigo que declara, sin discrepar en nada, lo mismo que ha declarado otro. *Aut.*, *s.v.* "Conteste".

356. Ensayo que se hace del mineral de plata tratándolo con el azogue. *DRAE*, *s.v.* "Tentadura".

357. Con incertidumbre, dudosamente, sin tino. *DRAE*, *s.v.* "Andar a tientas".

358. Tocar, palpar, percibir algo con la mano o con la yema de los dedos. *DRAE*, *s.v.* "Pulsar".

> pues cogerlo de este modo
> siempre te ha hecho andar a tiento.
>
> Él aviva al que rehúsa
> trabajar en tal desmocha,[359]
> y cuando a todos les pica,
> a don Basilio *le-chuza*.

Más iba a decir, si Circe, que ya venía de la cueva, no me atajara diciéndome:

—A fe que a don Baltasar de Medrano (quien dignamente mereció el tercer lugar en este asunto) no tendrás que *tildarle*,[360] porque no tiene en toda su persona de defecto ni aun una *tilde*.[361]

—¡Válgate Dios! —dije yo— Por tanta *tildaduría* o por tal *tildío*.[362] Si no conociera que de puro delgadas no se pueden ver las piernas de este caballero, creyera que ya la señora Circe no ve las cosas *con fundamento* o no ve el *fundamento* de las cosas.

—Es verdad —dijo ella— y es que este señor tildío debió de gastar el *hilo* de sus *delicadísimas* piernas en la *entrada del labirinto*, y por eso se han vuelto *invisibles*.

—Así es —le respondí yo— y por eso *salió tan bien de él*, como verán las señoras musas:

Vistosas	Telas,	Reales vestiduras
Ínclitas	Vidas	Esperando teje;
Vnirse	Regias,	Y por eso España,
Ardientes	Iras,	Ni rencores quiere.

---

359. Quitar, cortar, arrancar o desgajar la parte superior de alguna cosa, dejándola mocha. *DRAE, s.v.* "Desmochar".

360. Señalar a alguien con una nota denigrativa. *DRAE, s.v.* "Tildar".

361. Juego de palabras: tacha o nota denigrativa o cosa mínima. *DRAE, s.v.* "Tilde".

362. El único vocablo que localizamos se refiere a un ave americana: el chorlo tildío. La alusión aquí, de haberse conocido el término en la época, podría referirse a la delgadez de sus patas.

No tardos,	Antes	Algo más que prestos
Destierran	Sombras,	Discurriendo pueden
Opacar	Yris	Expuriar olivas
Nocivos	Dardos	Frutos de rebeldes.
Líquidos	Oros,	Reprobando hierros,
Vasallos	Nobles	A su dueño ofrecen,
I cortando	Arcos	Naturales armas
Suspenden	Muchos	Con sus parabienes.
Por largos	Años,	I no cortos tiempos,
Reinen y	Rijan	Asombrando crueles,
Impuros,	Impíos,	Momos enconados,
Nocturnas	Aves,	Venenosas sierpes;
Concordes	Vivan	Consiguiendo fieles
Infieles	Indios	Humillar alegres,
Postrando	Cuerdos	Orgullosas lunas;[363]
Envidias	Trocen,	Sañas amedrenten.
De verdes	Olmos	A sus plantas puestos,
Estrados	Rindan	No olvidados dejen,
Amantes	Iris	Obsequiando reales,
Sin número	Años	Sacatecos fieles.

A que dijeron las musas, oyéndole:

—Justo es que aunque *delgado*, este señor tildío *haga piernas*[364] *con su hilo*.

—A fe —dije yo— que aunque se lleve esa docena de cucharas de plata que le dan los señores jueces, y aunque le parezca que ya acabó su tarea con haber salido del labirinto, puede creer que no se escapará del Minotauro de mi vejamen. A ver, ¿húrtele el bulto?

Por ciertas *piernas* celebran
las tuyas en la ciudad,

363. Los seguidores de Mahoma. El imperio turco u otomano que tiene por símbolo una luna.

364. Estar firme y constante en un propósito. *DRAE, s.v.* "Hacer piernas".

> y son *piernas* de *verdad,*
> que adelgazan y no *quiebran.*
>
> Mas pues que sales premiado
> y se hizo tan buen examen
> de tus versos, del vejamen
> no digas que vas *perneado.*[365]

Circe, olvidada de la presteza antecedente, todavía se estaba parada, y las musas le decían:

—¿Qué es de don Juan Ignacio de Larrañaga, quien dignamente obtiene lugar en este asunto?

En oyendo yo mentar a este caballero, luego dije:

—¿Dónde está esa zorra?

A que Circe, abriendo la puerta de la cueva, dijo:

—¡Catátela[366] ahí! ¡Qué bien sabías tú de su trasformación!

¡Y cómo! Que sabía que a este caballero ha días que lo tengo por tal, y aunque ahora se haga *mortecino* no le valdrá su *viveza*, no sino que con su *zorra* se quisiera escapar de mi zurra. La ha de llevar aunque lo *curta* para que tenga *correas* y se le haga la cara de *baqueta*, con eso tendrá recaudo para hacer *planta* y no nos andará con echarse por los *suelos* gastando humildades. Bien veo que a eso me responderá, que el no *sacar dientes* es porque no los tiene, y el no decir de sí nada bueno ni echar *caldo* es por tener boca de *sopas*,[367] pero sus versos lo desempeñarán:

365. Andar mucho y con fatiga en la solicitud o diligencia de un negocio. Impacientarse e irritarse por no lograr lo que se desea. *DRAE, s.v.* "Pernear".

366. Mirar, advertir, considerar; maliciar o imaginar; anticipar, prever. *DRAE, s.v.* "Catar".

367. Apodo que se aplica a la persona que tiene la lengua estropajosa. José María Sbarbi, *Diccionario de refranes, adagios, proverbios, modismos, locuciones y frases proverbiales de la lengua española*, 1922. Consultado en: <http://www.martinezdecarnero. com/glossword/index.php/list/José+Mar%C3%ADa+Sbarbi%252C%0D%0A%3C

Vfanos	Todos	Recopilen gustos,
Ilustres	Vivan	En eternas paces,
Vnidos	Reinos	Ínclitos gozando
Alegres	Iris,	Nobles voluntades.
Nupciales	Ambos,	Amorosos logren
De muchos	Siglos	Dilatado engarce,
Obtengan	Y hagan	Encumbrados lauros,
Narrando	Dichas,	Fabricando altares.
Lucientes	Ojas,	Relevantes proezas
Unidas	Nieguen	Al tiempo inconstante,
Inciertos	Arcos,	No se rindan nunca
Sus glorias	Magnas,	Cuerdas, e inmutables
Portentos	Altos	Ilustrando honores
Rindiendo	Ricos	Al amor esmaltes,
Infantes	Iras	Muestren a la Europa
Nacidos	Adore	Vnicos enlaces.
Contentos	Vivos	Coronen pimpollos,
I gozen	Ínclito	Honorado realce,
Porque así	Corran	Orgullosos timbres[368]
El orbe	Todas	Sus felicidades.
Dichosos	Ojos	Amantes, que miran,
En bellos	Ramos,	Nudos admirables,
Atentos,	I altos	Olocaustos finos
Sublimes	Arcos,	Solios immortales.

—¡Pardiez![369] —dijeron las musas— ¡Que muy buenos bollos amasa con su zorrería! Bien hacen los señores jueces en darle esos cinco de *plata*, que el secretario tendrá cuidado de meterles *lumbre* para que los *funda*, pues es minero.

—Así lo hago yo —dije—. Y le dije:

em%3EDiccionario+de+refranes%252C+adagios%252C+proverbios%252C+modis mos%252C+locuciones++frases+proverbiales+de+la+lengua+española%3C%252Fe m%3E%252C+1922/,B,O,.xhtml> (enero 2018).

368. Acción gloriosa o cualidad personal que ensalza y ennoblece. *DRAE, s.v.* "Timbre".

369. Interjección: ¡Par Dios! *DRAE, s.v.* "Pardiez".

> Juan, llévate este *cuartazo*
> y aguanta la *mecha* humilde,
> que esto fue darle en un tilde
> a la zorra *candilazo*.[370]

> De tu agrado el puro meollo
> busco con grande deseo,
> no estimes, que te *golpeo*,
> pero estima, que te *abollo*.[371]

—¿Estarás muy consolado? —decían las señoras musas—. Pues mira, poco has andado, pues ahora vas en la mitad del camino.

—Así lo creo yo —les respondí— que siempre en todo me quedo muy atrás, pero gracias a la Helicona[372] me hallo por mi cuenta en el cuarto asunto, en el que se pidió la combinación de la fábula de Apolo con el caso, y el exceso de un laurel a otro.

—Este asunto, siendo de laureles y hallándose nuestra estatua coronada con sus ramas —decía Circe— parece que se deduce de ella, también que podemos decir que es *corona* de los asuntos.

—Es así –respondí–.

Y ella prosiguió diciendo:

—¡Válgate Apolo, y qué alhajita te saco aquí! ¡Cómo te has de holgar de verla!

Y diciendo esto soltó un cangrejo, tan horrible, que hasta la Helicona se estaba saliendo de sus quicios de miedo, que no fuera a alojarse allá.

---

370. Cuartazo: golpe dado con la cuarta —látigo—. Aguantar mecha: sufrir o sobrellevar resignado una reprimenda, contrariedad o peligro. Candilazo: golpe dado con un candil. *DRAE, s.v.* "Cuartazo", "Aguantar mecha", "Candilazo".

371. Juego de palabras. Adornar con bollos (de plata). *DRAE, s.v.* "Abollar". Que fue su premio en el certamen.

372. Se refiere al monte Helicón o, por analogía, a alguna de las fuentes que fluyen a sus faldas que, como ya dijimos, tienen la propiedad de inspirar a los poetas.

—¿Quién es este cucaracho? —le decía yo—.

Y ella me respondió:

—¡Qué hombre tan desconocedor eres, pues a tu mismo hermano no conoces!

A que yo le satisfice con decirle que yo no conocía al padre fray Francisco Javier de Aguirre del orden de nuestro padre san Agustín por *cangrejo en romance*, sino por *cáncer en latín*, porque todo su reverencia es una podredumbre y una lacra, que cierta enfermedad (que no quiero llamarle bubas por no gastar desvergüenzas con mi hermano mayor) lo puso en estado de encogerle las piernas y los brazos como los tiene este animal, demás que si dél se dice que anda para atrás o al revés de como andan los demás animales, nadie lo imita más que el padre mi hermano, porque su reverencia procede tan al revés de los demás hombres en sus operaciones (respecto de su enfermedad) que quiere que la triaca[373] le sea veneno, y ha[c]e contra: si come caliente, le aprovecha; y si come frío, es porque se está abrasando, y de eso le procedió su enfermedad.

—Dejemos eso —dijo Circe— y mira su glosa, que tal cual tuvo primer lugar en este asunto.

—Veámosla —dije—. Y leíla:

> *[A] Apolo dio Dafne el*
> *laurel fiel, en nada igual*
> *al que Isabel da, que aquel*
> *fue de esquivez, y este es tal,*
> *que es de fineza laurel.*
>
> *A Luis laurel firme dio*
> *Isabel, y Luis ha dado*

---

373. Preparado farmacéutico compuesto de varios ingredientes calientes, entre ellos opio, usado contra la picadura de animales venenosos y para restaurar la debilitación por falta del calor natural. *DRAE, s.v.* "Triaca".

a Isabel laurel sagrado
con que sus sienes ciñó.
    Entre Apolo y Dafne halló
este corresponder fiel
Plinio, y dice que laurel
dio a Apolo Dafne de fe,
siendo quien afirma que
a Apolo dio Dafne, el.

Con el laurel que allí alcanza,
de aquella esquiva fineza,
ciñe Apolo su cabeza
pero afloja su esperanza.
    Luis acá su dicha afianza
más altiva y más cabal;
luego aquel laurel fatal,
al que de Isabel se espera,
no fuera nunca, aunque fuera,
laurel fiel, en nada igual.

Luego con causa es mayor,
y aunque el otro quede en calma
llévese aqueste *la palma,*
pues este es laurel mejor.
    De semejanza el honor,
aun no dará el menos cruel;
solo al de la paz novel
asemejarse se ofrece;
pues este más se parece
Al que Isabel da, que aquel.

Al de la paz, no al de Apolo,
el de Luis se le afigura[374]
que en prometer más ventura
se promete menos dolo.

---

374. Figurar. *DRAE, s.v.* "Afigurar". Imaginarse o suponer algo. *DRAE, s.v.* "Figurar".

Sólo le asemeja, solo,
el más perpetuo, el más leal,
el que no fuere fatal,
el que dichas incluyó,
el que fue firme, el que no
fue de esquivez, y este es tal.

Laurel fue aquel de inquietud,
este de paz y clemencia;
y esta, sin más diferencia,
es la *disimilitud*.
    Y pues tan grande virtud
afianzan Luis e Isabel;
gocen muchos años del
consorcio altivo, constante,
lucido, envidiable, amante,
que es de fineza laurel.

—Lo cierto es —dijeron las musas— que para tener tan mala cara el padre no tiene muy malos hechos. Llévese ese cintillo de diamantes y no piense, por ir al contrario en todo, que son piedras ordinarias; bien puede vivir exquisito entre ellas.

Y yo dije:

—Ya [que] vuestras mercedes le dan cintillo, bien será que yo le apriete:

No me tengas por indigno
el que tus lacras te acuerde,
padre, si el *cáncer* te muerde
¡nacerías en este *signo*!

La suerte te ha maltratado,
justo es que así lo recibas,
y que *acancerado* vivas
pues te lo llevo a-cancer-hado.

En esto volví los ojos a ver si salía de la cueva otro animal, a tiempo que se me iba llegando la zorra de don Juan Ignacio de Larrañaga, que ya tenían *entre encías* el segundo lugar que en este asunto alcanzaba. Luego que lo vi abrir la boca divisé un diente viejo, que por lo solo parecía ermitaño diciendo "aquí fue Troya"; no se hallará en esta boca un diente ni por un ojo.[375] ¡Lástima es de tenerle a su lengua, que siendo tan buena la tenga encerrada en tan mala y despoblada caja! Y ¡lástima es que siendo *minero* y estando en sus *tierras* no se pueda mejorar de *boca*,[376] teniendo la suya tantos *caídos* y ningún *ademe*! Mas el *tiro*[377] de su talento le hace echar la riqueza de conceptos en sus versos, y si no, óiganlos:

[A] Apolo dio Dafne el
laurel fiel, en nada igual
al que Isabel da, que aquel
fue de esquivez, y este es tal,
que es de fineza laurel.

Huye de Apolo la hermosa
Dafne y en laurel convierte
su belleza, siendo muerte
de quien la busca amorosa.
    Y viendo que al huir fogosa
se vuelve laurel infiel,
convertirse él en laurel
quisiera con buena estrella;
por ser (en el dolor, que ella
a Apolo dio) *Daphne el.*

---

375. Alusión a la sentencia "Ojo por ojo, diente por diente".

376. Abertura o agujero grande. *DRAE, s.v.* "Boca". Probablemente se aluda a la entrada o boca de los tiros de las minas.

377. Ademe: en minería, madero que sirve para entibiar. Cubierta o forro de madera u otro material con que se aseguran y resguardan los tiros, pilares y otras obras en los trabajos subterráneos. Tiro: juego de palabras: por un lado chasco o burla y, por otro, tiro de mina, es decir, un pozo abierto en el suelo de una galería. *DRAE, s.v.* "Ademe"; "Tiro".

Laurel fue de cruel dolor
el que Apolo recibía
de Dafne; no así el que hoy día
da Isabel, porque es de honor.
    Y así se ve que es mejor,
porque el de Dafne es puñal;
el de Isabel, celestial,
y siendo así, que es celeste,
no es el laurel de Dafne, a este
laurel fiel, en nada igual.

Aquel dardo con que amor
hirió a Dafne a dar desdén,
no viéndola, se ve bien,
que fue de plomo en rigor.[378]
    De oro es, y demás primor,
el que da hiriendo Isabel;
en aquel de Dafne infiel
mira el afecto bien breve,
que lauro mayor se debe
al que Isabel da, que aquel.

Con el laurel que da amante
Isabel a nuestro Luis,
une con lazo feliz
un reino al otro distante.
    Paz da en él, con que es constante
que es de lealtad fino y real;
el que dio Dafne, desleal
fue; de que claro se ve
que es desleal todo lo que
fue de esquivez, y este es tal.

Más triunfo Isabel alcanza
que Dafne, según lo explica

---

378. Alude a las dos flechas que se suponía arrojaba Cupido: las de oro, que provocaban amor; y las de plomo, que inducían al odio.

> el laurel; pues significa
> (como se sabe) alabanza.
>   No lo logra una mudanza
> como la de Dafne cruel;
> solo la merece aquel,
> frondoso, heroico, divino,
> sacro, real, amable, fino,
> *que es de fineza laurel.*

—Si tan bien habla su boca no está muy vacía —dijeron las musas—; y pues no puede mascar que se chupe esa chupa de brocato[379] verde que le parecerá lechuga.

—Y pues ya le he echado su zanahoria para que quede buena la *ensalada*, [—dije yo—] va el *vinagre* de esas dos coplas:

> Don Juan, mirad, que os advierto,
> que cuando tantos os ven,
> si queréis parecer bien
> nunca os quedéis boquiabierto.

> Hoy mi vejamen os balda[380]
> de hablar, mas no de sentir;
> sentidlo, mas sin decir
> esta boca es mía, cerradla.

—Fuera, que va ese monstruo —decía Circe—.

Y es que salía de la cueva un caimán, tan grande, que a no haber conocido yo que era el señor Patrón Francisco Gallardo, hubiera temido que me tragara.

---

379. Chupa: prenda de vestir ajustada al cuerpo, larga hasta las rodillas que se pone encima de las demás prendas interiores y sobre la cual va la casaca. Brocato: brocado. Tela tejida con seda, oro o plata, de precio alto y gran estimación. *DRAE, s.v.* "Chupa"; "Brocato"; "Brocado".

380. Inutilizar, impedir o dificultar algo. *DRAE, s.v.* "Baldar".

—¿En qué lo conociste? —me preguntaba Circe—.

Y yo le respondí:

—¿En qué? En la boca, porque este caballero no es nada *desbocado*, antes si todo lo que hace es a *pedir de boca*, que la tiene tan grande que estuvo para tragarse todos los premios. Solo si me hace fuerza el que se queje de que está *ahogado* y se ande a vivir en el agua.

A que ella me respondió:

—Eso es porque como es pobre no se mete en más que en dar gusto sin hacer opinión, y por eso quiere vivir con la *corriente*; empero su boca vale por mil, y aun puede cubrirse delante de la reina de las bocas por grande, y si quisieren las señoras musas gustar un boca-dito de los primores del señor Patrón, oigan la *bocarada* [*sic*][381] de su glosa:

> *A Apolo dio Dafne el*
> *laurel fiel, en nada igual*
> *al que Isabel da, que aquel*
> *fue de esquivez, y este es tal,*
> *que es de fineza laurel.*
>
> Dos saëtas el ciego dios
> logra con traza oportuna;
> en Dafne de las dos, una,
> y en Apolo una de dos.
>   La que en Dafne logra atroz
> es de desamor infiel,
> y aunque por sí sea laurel,
> el olvido el que obró fue,
> siendo instrumento del que
> *a Apolo dio Dafne, el.*

381. Bocanada.

El pastor enamorado,
Febo, con la de oro herido,
aunque en Dafne está *perdido*
quería ver su amor ganado.
    Todo de ardor abrasado
la sigue su amor cabal,
pero Dafne, desigual,
en nada correspondió,
y así anduvo (aunque le dio
laurel fiel) en nada igual.

Si amor con dulce favor
hiriera dos corazones;
(que en amantes ocasiones,
ni amor se libra de amor).
    Causando el favor su ardor
sin desdén de plomo cruel,
de oro era laurel más fiel
pues correspondía constante;
y así era más semejante
al que Isabel da, que aquel.

Pues este mismo rapaz
es el que dos saetas juntas
despide de oro en dos puntas
por arrojarlas con paz.
    A este príncipe da más,
porque este laurel fatal
que Dafne dio a Apolo inleal [*sic*][382]
es este, que no intervino,
pues la saeta de que vino
fue de esquivez, y este es tal.

Nuestros príncipes, mejor
son heridos de verdad
del Señor de voluntad

---

382. Con el sentido de desleal.

con voluntad del Señor.
Luego es laurel superior
el que de oro da Isabel,
con recíproco nivel
de error sus flores ajenas;
y con paces tan serenas,
que es de fineza laurel.

—Es cierto que puede hinchir[383] la *boca* de la glosa —dijeron las musas—. Bien pueden los señores jueces darle ese par de *platos* de plata que al señor Patrón le pueden servir de cucharas.

—Sí pueden —dije—, pero que lleven es[t]e manjarcito:

Con platos Patrón, infiero,
premia la justa tus tratos;
porque con esos dos *platos*
seas dos veces *platero.*

Proprio a tu poesía acordada
es hoy el premio que ganas,
pues se te premian tus *planas*
con una cosa *aplanada.*[384]

En esto estábamos, cuando Circe salió de la cueva con un loro, que aunque hablaba mucho no se le entendía lo que hablaba.

—¿Quién es? —dije—.

Y Circe respondió:

—Este es el señor don Andrés de Reina Narváez.

383. Henchir. *DRAE, s.v.* "Hinchir".
384. Juego de palabras. Plana: la cara o haz de una hoja de papel impreso o escrito. *DRAE, s.v.* "Plana". Aplanada: se refiere a los platos que le dieron de premio.

—¿Pues [cómo es que] a un hombre tan grande lo transmutas en un animal tan pequeño? [—dije yo—]

—Esa es la *grandeza* —respondió— pues si estuviera del tamaño que es no cupiera entre el monte y el cielo.

—Ahora bien —le repliqué—, el señor don Andrés no es tan amigo de hablar como todo eso.

Y Circe respondió:

—Ahora sí, porque habla por dos: por sí y por su parte como apoderado del bachiller don Manuel de la Puente, vecino de los Asientos, demás de que por los *pies* el parecerse a este animal *empata*; y es cierto que los *cinco* de la glosa —y cinco mil que fueran— los mete el señor don Andrés en *un zapato*, y por eso presentó estos versos, porque están de todo *punto*. Óiganlos:

> *[A] Apolo dio Dafne el*
> *laurel fiel, en nada igual*
> *al que Isabel da; que aquel*
> *fue de esquivez, y este es tal,*
> *que es de fineza laurel.*
>
> Entre laurel de fineza
> y desdén, bien se advierte
> cuál es el de mejor suerte
> y cuál el de más belleza.
>   Fue el desdén en la entereza
> de Aretusa quién dio cruel
> muerte a Alfeo,[385] fue el que infiel
> al dios Pan negó favor;

385. El mito griego nada habla de que Aretusa diera cruel muerte a Alfeo como relata el poema. Cuenta que Aretusa fue una náyade que había prometido permanecer siempre virgen, de la cual Alfeo, uno de los oceánides, se enamoró. La diosa Artemisa la convirtió en una corriente de agua para que escapara de él, pero Alfeo, convertido en río, mezcló los caudales de ambos.

y fue el dolor que en rigor
a Apolo dio Dafne el.

Dafne en laurel convertida
un laurel le ofrece a Apolo,
tan de dolor que a este solo
pudo peligrar su vida.
    Nuestra princesa querida
dio al príncipe en su cristal,
laurel, en gusto cabal,
con que ya el de Apolo diestro
bien se mira, que es, con nuestro
laurel fiel, en nada igual.

No solo no da pesar
el nuestro, ni solo un fino
gusto da, pues que, divino,
dos mundos llega a alegrar.
    Con que no habrá que dudar
entre uno y otro laurel
cuál es el que menos fiel
luce, pues se ve probado
(el de Apolo comparado
al que Isabel da) que aquel.

El de Apolo tuvo una alma
tan ingrata y homicida,
que quiso perder la vida
por no dar al amor palma.
    No solo en penosa calma
dejó a Febo, mas su mal
buscó, contra natural,
y que fue ocioso se ve,
si es ocioso aquello, que
fue de esquivez, y este es tal.

El nuestro de una alma goza,
pacífica, amable, bella,

> que dos mundos de amor sella,
> capaz, sabia y amorosa.
>   Alma de paloma hermosa,
> que trajo la oliva fiel,
> y en fin, alma de Isabel
> divina, que toda es alma,
> quien lleva de amor la palma,
> *que es de fineza laurel.*

—Puede el señor don Andrés remitirle a ese caballero —dijeron las musas— ese corte de chupa que le dan los señores jueces y muchos parabienes de lo bien que se *portó* con la glosa.

—Y porque no haga el mandado de balde[386] [—dije yo—] tome el porte de esas dos redondillas:

> Reina: el vejamen te peina
> no más sin que te dé herida,
> pues es *Reina* tu corrida
> con la de los otros, *Reina.*

> No te podía yo coger
> en este mi calendario,
> hasta que fue necesario
> que tú hicieras *un poder.*

Levantáronse estas tres señoras musas sin hablar copla ni decir redondilla, y ocuparon los asientos las otras tres restantes, estando a todo presentes Circe, los poetas que quedaban allí esperando, y yo.

—Ya llegamos al quinto asunto del certamen —decía Circe—, el que siendo de parabienes fuera multiplicar entidades sin necesidad [de] probar su deducción estando ya esto probado en el primer asunto; con que, Apolo mediante, solo resta ver los que han discurrido sus circunstancias.

---

386. Sin costo, gratis. *DRAE, s.v.* "De balde".

—Sea así —dijeron las nuevas musas—.

Y a un tiempo, sin sentir, se nos fue presentando a la vista la lechuza del señor don Basilio Gómez, que es una ave, aunque muy sonada, que hace muy poco ruido, y yo discurro que el no haberse querido hallar Apolo en esta función fue porque como es lámpara del cielo, temió que el señor don Basilio no se lo chupara, que no fuera la primera que desuella. Dígalo la Helicona que la ha dejado seca a puro chupetón. No quiero ahora reincidir en vejarlo, por el antecedente, váyase uno por otro y oigan sus quintillas que están muy primorosas por atrás y por delante:

[Nota:] *Léense de todos modos, al revés y al derecho.*

Grande-amor- y fiel-oliva,
refrende-paz-con aljaba,[387]
ablande-dureza-activa
enmiende-cruel-saña brava,
mande,-triunfe,-reine,-viva.
   Laureles-ciñan-amantes
reales-nupcias-excelentes;
broqueles[388]-muestren-constantes,
tales-rocas-eminentes,
fieles-y-fuertes Atlantes.
   Vaticinios-vean-dichosos
matrimonios-en-progresos,
escrutinios-sean-fructuosos,
favonios[389]-gocen-ilesos,
dominios-tengan-gozosos.
   Notifiquen-claros-rayos,
coloquen-fieles-destellos,

---

387. Caja portátil para flechas, abierta por arriba y con una cuerda o correa con que se colgaba del hombro. *DRAE, s.v.* "Aljaba".

388. Arma defensiva. Rodela o escudo redondo de madera cubierto de ante encerado o baldrés, con hierro al canto y en una cazoleta hueca al centro para que la mano pueda empuñar el asa que tiene por la parte interior. *Aut., s.v.* "Broquel".

389. Viento que viene del poniente, comúnmente llamado céfiro. *Aut., s.v.* "Favonio".

apliquen-leales-vasallos,
revoquen-contrarios-sellos,
publiquen-alegres-mayos.
    Tributaria-gente-grata
gloria-en-tal-unión-repita
cosaria[390]-intención-pirata
victoria-con-paz-admita
contraria-opinión-abata.
    Triunfante-nupcial-esmero,
aliente-rumor-canoro,
sonante-suave-jilguero,
fuente-en-castálido-coro
discante -en Anfión[391]-parlero.

—¡Basta! ¡Con mil poetas! —decían las musas— ¿Y qué Basilio o lechuza tan insurtida [*sic*][392] en primores! ¡Y luego dirán que solo quien se *duerme* cría *lagañas*! ¡Pues a fe que con tener tantas este caballero que en su casa no se barre otra cosa, no se *duerme* ni se ha *dormido*! Buen gusto tienen los ojos que de estas *lagañas* se enamoran. Dénle por primer lugar este anillo con esa esmeralda, que a quien tanto se *esmera* le vendrá como *anillo* al dedo, y de parte del secretario:

Basilio, bien se te acuerde
que hay cuartazo, ¿qué pensabas
que solamente llevabas
por premio la piedra *verde*?

Por ser tuerto no desechas
el adagio (hijo de Apolo)

390. Pirata. *DRAE, s.v.* "Cosaria".

391. Hijo de Antíope y Zeus. Hermano gemelo de Zeto. Aficionado a la música y el arte. Aprendió a tocar la lira de Hermes. Co-reinó con su hermano en la ciudad de Tebas que ambos fundaron. Tuvo muchos hijos con Níobe, hija del rey de Lidia, pero todos murieron. Se volvió loco y por intentar destruir el templo de Apolo en Tebas este lo condenó a habitar en el Tártaro.

392. Con el sentido de desprovista.

que en tus *versos*, ven, que solo
no haces cosas a *derechas*.

—Suplicamos a vuestras mercedes,[393] señor secretario y Circe —decían las musas—, tengan[394] vuestras mercedes la pluma, que no es de hombres de bien eso, y este caballero hizo lo que le tocaba entonces. Suspéndase el enojo. No ha de haber nada. Y [así —decían—] otras mil razones de apaciguarme.

Yo, que me veía muy fresco, no entendía lo que me decían hasta que vi que Circe descubrió un grandioso tecolote o búho que por las señas conocí ser el señor don Cayetano de la Plata, secretario que fue en el antecedente certamen que se celebró al debido ascenso del señor conde de la Laguna, y por eso pensaban que yo me quería vengar; y pensaban mal, porque este caballero es mi amigo y yo no le he de descubrir sus faltas, que harta desdicha se tiene en no *ver lo que hace*, y esto de ser tecolote no es porque esta ave sea nocturna, pues su merced tanto ve de día como de noche, y yo no quiero meterme con sus *ojos*, que por último son cosas de *niñas*, ni menos con su cuerpo, porque es *cuento largo*; está convertido en esta especie de ave porque para los naturales de este reino esta ave con su canto les servía de agüero o pronóstico, y así es el señor don Cayetano con muchos que le tienen por su profeta doctito; y si yo fuera amigo de sacar defectos le acordara ahora el cuento del molino de fuego que quería hacer que anduviera a fuerza de cohetes por ahorrar mulas, pero no diga que soy *mazo*[395] y que parece que me *cebo* en él, que es poeta de *chapa*.[396] Díganlo sus quintillas a quienes alma-da-neta:

> Hable-admirable-voz suave
> siendo-clarín-armonioso,
> deleitable-acento-grave,
> subiendo-activo-fogoso
> afable-cante-suave-ave.

393. En el original: suplico a Vmd. Señor Secretario (decian las Musas) y Circe.
394. Con el sentido de contener, detener.
395. Hombre molesto, fastidioso y pesado. *DRAE, s.v.* "Mazo".
396. Seso, formalidad. *DRAE, s.v.* "Hombre de chapa".

> Cuerda-acuerda-España-bella,
> enlazar-rama-glorioso
> recuerda-hermosa-centella,
> gozar-honor-deleitoso,
> acuerda-clara-estrella-ella.
>   Planta-trasplanta-triunfante
> trueco-en Apolo-de Apolo
> canta-Castilla-constante,
> eco-hermoso-voz canora,
> canta-si en-discante-cante.
>   Aras-claras-sacras-reales
> gocen-las-Españas,-siendo
> preclaras-de honor-señales,
> reposen-todas-bebiendo,
> avaras-cristales-tales.
>   Hado-amado-venturoso
> lograd-estados-uniendo,
> honrando-honor-victorioso,
> gozad-Europa-teniendo
> deseando-fogoso-gozo.
>   Hable-durable-el agrado
> glorias-europeas-divinas,
> estable-adore-el estado
> memorias-haciendo-finas,
> amable,-y sagrado-grado.

—Bien hace —decían las musas— el señor tecolote en idear *molinos*, pues tiene adelantado el *eje* principal del talento que descubren sus versos, y ha tantos días que se conoce en Zacatecas, no siendo de menos cuenta el *peón* de su numen, aunque su merced necesite de *lanternillas*.[397] Dénsele esos bollos de plata de los señores jueces porque vea que saca provecho de sus *molinos*, y el secretario déle un par de *mulas* para que tiren la *rueda* del vejamen:

—Hágolo así —dije— con *dientes*. Y dije:

397. Linterna, *DRAE*, *s.v.* "Lanterna".

Plata, tecolote fiero,
que cuando inclinado miras,
abuso y *agüero* tiras
y siempre tiras a-*güero*.[398]

Si tu numen se desvela
en cursar agudos modos,
echaras el *polvo*[399] a todos
sin que llegues nunca a *tela*.[400]

Un camello disforme traía Circe amarrado con una cadena de quintillas solo del pescuezo y sin bozal, porque el señor don Tomás de Herize es bastantemente *ladino*.[401] Venía, pues, cargado [en]cima de la corcova con un billete pequeño, pero de tanto peso que solo en la firma traía una *huerta* entera, y *huerta* muy fértil cultivada, regada con el agua de la *ciencia* de que es un *pozo,* y toda la había menester, porque si se atuviera a los ojos del bachiller Nicolás Muñiz de Huerta (de quien era el billete o poder que traía al lomo el camello de don Tomás de Herize) nunca se regara, pues además de ser pequeños y cenegosos, el poco jugo que dan más es para *cebar* lámparas[402] que para regar huertas; y harta lástima es que con estos dos *olivares* no sea esta la más cuantiosa, pero son desdichas del tiempo.

—Esto es —dijo Circe— que te vas volviendo predicador, y advierte que aunque hay aquí *corcovados* les hará muy poca mella, porque *predicar* en el Parnaso es lo mismo que predicar en destierro.

Las musas siguieron el dictamen de Circe mandándome que pasara a leer sus versos, y yo, tomándolos, vi que decían:

Preciosas-por-apreciadas
paces-que ofrecen-deidades,

---

398. Vano, vacío, sin sustancia. *DRAE, s.v.* "Huero".
399. Con el sentido de "echarles tierra".
400. Asunto o materia. *DRAE, s.v.* "Tela".
401. El que con viveza o propiedad se explica en alguna lengua o idioma. Por analogía: advertido, astuto y sagaz. *Aut., s.v.* "Ladino".
402. Con el sentido de encender.

gloriosas-forman-miradas,
clases-de paz-en piedades
forzosas,-mas-no forzadas.
   Rosas-dos-de paces-dadas
victorias-gocen-festivas,
hermosas-las dos-amadas
glorias-de la España-vivas
victoriosas-sean-nombradas.
   Laureles,-triunfos,-victorias,
a-porfía-su-imperio-sigan,
déles-el-amor-memorias
cada-día-las-bendigan,
fieles-les-tributen-glorias.
   Vidas-de juicio-profundo,
las-mejores-primaveras,
prevenidas-sin-segundo,
flores-de paz-mensajeras,
bien-venidas-seáis-al mundo.
   Galante-por-floreciente,
gana-con-flores-victorias
constante-España-valiente
sana-vivas-en tu gloria,
triunfante-sin-accidente.
   Amante-la España-altiva,
palmas-publique-con-gusto;
cante-toda-voz-festiva,
las-almas-digan-sin-susto,
triunfante-Felipe-viva.

Admiradas, las musas dijeron:

—Siempre este *apoderado* cumple muy bien con su oficio, pues nunca pierde *pleito* y sin haber menester más *abogado* que los *escriptos* de su *parte*, en *vista* y *revista* saca sentencias a su favor. Désele ese jarro de plata en premio para que le sirva de regar con el agua que sacaré del pozo.

Así lo hacen los señores jueces, de que yo, el escribano, doy fe, y porque no deje de llevar mis derechos, vaya es[t]e par de testimonios de verdad:

> Tomás, si tu proceder
> siempre los premios alcanza,
> el mérito los afianza
> y tú lo haces por *poder*.

> Esto te envía, y los honores
> que te da esta justa cierta,
> a tu parte y a tu *huerta*,
> que le estará de mil flores.

—¡Ay! —dijo Circe—.

Con un suspiro tan de lo íntimo de sus encantamientos que entendí se le arrancaba el hechizo de su cuerpo; tan lastimero, que les obligó a las musas a preguntarle porqué suspiraba, a [lo] que ella respondió:

—Aun todavía siento que se me fuera aquel conejo del segundo asunto, porque es cierto que en este estuvo primoroso, y si no vean vuestras mercedes si tengo buen *gusto* en la *pena* que me da, porque en mi *sentir* es cierto que están primorosos.

Yo le dije:

—Ya se me escapó de primera el muy reverendo padre fray Juan de Zarazúa, ahora no hay que refrendar vejámenes. ¡Algún día querrán los cielos! Vengan ahora sus retróg[r]adas:

> Amor-el triunfo-pregona
> mostrando-felice-liga,
> valor-a Marte-blasona,
> dejando-suave-fatiga
> honor-ilustre-a Belona.
>   España-triunfos-pregone
> gozando-Francia-la palma,

> campaña-de amor-blasone
> dejando-el valor-en calma
> hazaña-mayor-corone.
>
> Crecidos-rayos-ostenta,
> uniendo-soles-la tierra;
> lucidos-triunfos-aumenta,[403]
> venciendo-apacible-guerra,
> rendidos-pechos-alienta.
>
> Glorias-esperan-amantes
> tributando-leales-pechos,
> memorias-rinden-constantes,
> celebrando-reales-hechos,
> victorias-previstas-antes.
>
> Excite-el conde-blasones
> festejando-nupcias-tales,
> suscite-sacros-pendones,
> publicando-triunfos-reales
> limite-ciegas-traiciones.
>
> Vivan-unidas-altezas
> gozando-eterno-laurel,
> reciban-leales-finezas,
> tributando-el conde-fiel
> perciban-leales-finezas.

—¡Víctor al[404] padre! —dijeron las musas—.

Y yo decía:

—¡Víctor enhorabuena!, que todo lo merece por sus quintillas, y si no anduviera en *vacaciones* yo le diera unas *leccioncitas* de vejamen, pero ya que solo se le puede enviar ese *rengloncito* de ese par de *láminas,* que a la letra le dan los señores jueces, para no quedar yo corto le remitiré es[t]as *medias lecciones:*

---

403. En el original: augmenta.
404. En el original: el.

Si *salvarte* tu fin era
de cantaletas nocivas,
sábete que cuando te *ibas*,
ya estabas, padre, *en carrera*.

Contigo quiero explicarme
del vejamen, con decirte,
que no lo llevas, por *irte*,
y lo excuso, por *pararme*.

—Hemos llegado, so secretario, a la *llave* del certamen —dijeron las musas—. Quiera Apolo que no sea de *cruz* que le pongan los oyentes por molesto, ni de *loba*[405] porque no se lo coma la de su idiotismo. Llegamos pues al sexto y último asunto en que se pidió se diera un vejamen a los malignos traidores enemigos de nuestro católico monarca por haber burlado sus intentos depravados con que pretendían derribarle del solio que digna y augustamente obtiene, combinando en este caso aquella sabidísima fábula de los titanes cuando intentaron derribar a Júpiter del supremo solio del cielo; y siendo el empeño que se ha seguido en los antecedentes asuntos, el que se deduzcan[406] del principal argumento del certamen, que ha sido la paz o aquella estatua suya erigida por Tito y Vespasiano en el monte Palatino, parece que será fuerza probar que este, como los demás, se dedujo de dicha estatua; y si se atiende a aquel castigo que hizo Júpiter a la osadía maliciosa de los titanes según todos los mitológicos y humanistas, que fue enviarles en violentos rayos voraces fuegos que, consumiendo su tiranía, acreditaran el gran poder de esta deidad y perpetuaran la tranquilidad con que siempre se había mantenido en el Olimpo; y luego se pasa la consideración al fuego del hacha de la estatua, que con su voracidad está destruyendo las malicias de los instrumentos militares, en que se pueden entender los titanes sublevados contra nuestro monarca, no necesita de más prueba la deducción del asunto; y en cuanto a la combinación de la fábula, solo quedará a cuidado de los ingenios zacatecanos.

405. Una definición de este término que parece ser la más cercana al sentido del contexto es embriaguez, borrachera.
406. En el original: *deduzgan*.

—El señor coronel de infantería española, don José de Rivera Bernárdez —dije yo— tiene desempeñado en eso el asunto, y si no
(con licencia de vuestras mercedes), oigan unas [de] sus paranomasias y verán si es así:

> Chispas hechas terco-turco,
> porque unida España es-peña,
> y ha de ver tu saña-ceño,
> que sangre tu vana-vena.
>   Con tu furia tanta-tente,
> que la unión, que pasa,-pesa
> a tu orgullo, y mira-moro,
> que esta hará a tu malla-mella.
>   Hallarán tus lanzas-linces,
> y así ve, con cuanta-cuenta
> vives, que a tus mechas-muchas,
> serán nuestras balas-velas.
>   Si del mar los cercos-surcas,
> darán en sus sondas-sendas,
> donde sean tus vasos-buzos,[407]
> las dos coronas-carenas.[408]
>   Ya no gastes tanta-tinta
> en el Alcorán, que hasta-esta,
> con todos sus ritos-rotos,
> ha de ser gran burla-verla.
>   El inglés, sus frascos-frescos
> ebrio, con su baba,-beba,
> y haga de la gula-gala,
> que con él se trata-treta.
>   Si con viento en popa-Papa
> no busca, gran sopa,-sepa,
> que de las cortes-las cartas
> fraguarán en planas-plenas.

407. Embarcación antigua. *DRAE, s.v.* "Buzo".
408. La parte de los buques que queda debajo del agua. *Aut., s.v.* "Carena".

Si la marina honda-anda
no habrá Belona-Bolena,[409]
que le dé a sus olas-alas
para surcar salvas-selvas.
    Cuatro estrellas para-pira
Júpiter, tan presto,-presta,
que serán en mares-miras
y en cristales hachas-hechas.
    Si alterar en rudo-enredo
la paz, que se estima,-es tema;
hay unión, y lazo-ileso,
que al altivo pone-pena.
    Esta liga en mudo-modo
dará a vuestras sañas-señas,
viendo que dos reyes-rayos
hacen un flux[410] por las-perlas.
    Ya cesa mi musa-moza
porque si se pica-peca;
y con esta, dice-doce
por ver si la paga-pega.

—¡Muy bien se desempeña (como en todo) su señoría, haciendo desde el principio hasta el fin de este certamen se conozcan sus primores! —iban diciendo las musas—.

A[l] tiempo que salió Circe de la cueva con un palomo matizado de negro y blanco,[411] diciendo:

—¿A fe que no dejes de conocer a tan lindo *pichón*?

—Delicto fuera en mí —dije yo— no conocer al reverendo padre lector fray José de Navarrete, hijo legítimo de nuestro padre santo

---

409. Ana Bolena (ca. 1501-1536), reina consorte de Inglaterra, segunda esposa de Enrique VIII y madre de Isabel I. Murió ejecutada acusada de diversos delitos como adulterio y traición.

410. Consumir o acabar alguien su caudal o el ajeno quedándose sin pagar a nadie. En el original: flus. *DRAE, s.v.* "Hacer un flux".

411. Alude al color del hábito de los dominicos.

Domingo, quién siendo tan grande *palomo* en las ciencias es una *palomita* en la mansedumbre, aunque no en lo limpio, que en eso lo es tan poco el reverendo padre que no ha mandado barrer la celda desde que es religioso, y es tan poco aliñado que continuamente trae las medias sobre los zapatos.

—No le levante más testimonios, que dirán que son verdades —dijo Circe—.

Y yo dije:

—Pues oigan sus versos, que en solo ellos jugó *limpio*:

> Bien es que de bulla-vaya,
> por traición, que no sé-si
> con osar a ricas-rocas
> se podrá zafar-zafir.[412]
>   De Jove la altura-altera
> quién asiento no halló-allí,
> cuando por su tema-toma,
> en vez de morar,-morir.
>   Cayendo con mudo-modo
> hizo del pretal-pretil,[413]
> quién fue cayendo-callando,
> queriendo, a su ver-subir.
>   Quién la paz estorba,-es turba,
> que ha de arrendar[414]-a rendir,
> al ver que aun el mero-moro
> es para esta paz-tapiz.
>   No troza el que a brinco-bronco
> tira con su ajuar-a huir;

412. Zafiro. *DRAE, s.v.* "Zafiro".

413. Petral. *DRAE, s.v.* "Pretal". La correa que está asida a la parte delantera de la silla y ciñe y rodea el pecho del caballo. *DRAE, s.v.* "Pretal". Pretil: el antepecho o vallado de piedra o otra materia, que se pone en algunos edificios, puentes y otros lugares para evitar caídas. *DRAE, s.v.* "Pretil".

414. Sujetar. Remedar y contrahacer: como la voz, las acciones, etcétera. *Aut., s.v.* "Arrendar".

aunque es ceñido-sañudo,
de cuanto no es pan,-Espín.[415]
        Cuando así, empeños en puños
van a labrar-al abrir,
se ve la no ilesa-hilaza
que ha salido de un ruan[416]-ruin.
        Con darles a veces-voces
fuerza habrá de ser-decir,
que hacen nuestros gritos-gratos,
que otros den en su mal-mil.
        La esférica bola-vela,
quién, como señor,-ceñir,
ha podido al tardo-tordo
de bola-tal-volátil.
        Por el que sombra-cimbra
descubriendo en su luz-lis,
la niebla, que en tropa-trepa
de ser afán-será fin.
        Bien es que tal roña-riña,
con asentar-a sentir
el son, que en su achaque-achoque[417]
cual cascabel-casca[418] vil.
        Y si en rabia el vano-vino
hoy los hace hinchar-hinchir,
podrán ahora un fresco-frasco
pues llevan su tal-sutil.
        Si en coplas, mi musa-mesa
puso, atiendan a que-aquí
estuvo a las doce-(dice)
de que darse atrás-a tris.

415. Esta palabra puede referir a varias cosas: por un lado, al orden en que antiguamente se formaba un escuadrón, presentando por todos lados al enemigo lanzas o picas. Pero, escrito con mayúscula, puede aludir al apellido de algún personaje que no pudimos identificar, o a un lugar. *DRAE, s.v.* "Espín".

416. Especie de lienzo fino, llamado así por el nombre de la ciudad de Ruán en Francia, donde se tejía y fabricaba. *Aut., s.v.* "Ruan".

417. Golpear y aporrear una cosa contra otra que sea fuerte y sólida, donde con la violencia de los golpes se pueda hacer pedazos. *Aut., s.v.* "Achocar".

418. Estropear, dañar algo. *DRAE, s.v.* "Cascar".

—Mucho se remonta este palomo —dijeron las musas— y pues
tiene el *pico* colorado désele un rubí en un cintillo para que se lo
lleve a *pico*, que no será nada *picante*; y cuando sea el secretario le
da es[t]as dos coplas para que se *despique*:

> Padre, cuando os he juzgado
> palomo en nada lo erré,
> pues con vuestra *pluma*, a fe
> que el premio habéis *emplumado*.

> Paloma sois, cuyo giro
> alcanza heroicos blasones,
> pues que con vuestros *cañones*[419]
> hacéis a la piedra el *tiro*.

Cantó el gallo [por] segunda vez sin ser la madrugada, aunque sí lo
fueron en el señor vicario la ciencia y la poesía, pues rayó en los primeros
albores de su primavera. Volvió a echarse segunda *camisa* en este asunto,
obteniendo dignísimamente segundo lugar, lo que viendo Circe, dijo:

—Veamos los versos de quien en ellos es tan *versado*.

—Y yo dije: Estos son:

> Del infiel la tropa-trepa
> mostrando en sus señas-sañas
> al Jove que en vagas-vegas[420]
> la luz, con que libra,-labra.
>   Multitud muy bruta-brota
> a ganar tan bella-valla,
> que solo su altura-altera,
> y a vencer su vista-basta.
> Contra quien le empeña-empuña
> el que cuanto gusta-gasta,
> y si acaso toma-tema
> no dejará selva-salva.

---

419. Pluma de ave con la que se escribía. *DRAE*, *s.v.* "Cañón". Juego de palabras.
420. Parte de tierra llano y fértil. *Aut.*, *s.v.* "Vegas".

Filipo es, a vastos-vistos
el que os dará en guerra-garra,
por estar de meros-muros
la tierra, que amiga-amaga.

Nupcial unión forma-firma
de paces en llenas-llanas,
entre gente que hará-hora
de hollar bandidas-bandadas.

Entonces de burlas-borlas
os pondrán con grita-grata,
y vencidos perros-porros
andaréis en secas-sacas.

Entonces la liga-lega
vivirá de risa-rasa,
lamentando en salas-solas
que zumben deveras-varas.

Tenidos por de hambres-hombres
titanes de vena-vana,
sin lograr del gasto-gusto
estaréis con bocas-vacas.

Admirados tantos-tontos
(remedos de mula-mala,
que guarden al dueño-daño
aun la que más tosca-tasca).[421]

Hechos de dos lances-linces
sirviendo a las romas-ramas,
contemplaréis llanos-llenos
de los que si os mondan-mandan.

Sin que gaste mucha-mecha
Filipo allá en su ira-ara
forjará, en que muertos-mirtos[422]
despidáis húmeda-humada.

Todos sentidos-sentados
arrojaréis bobas-babas,

421. Garito o casa de juego de mala fama. Taberna. *DRAE, s.v.* "Tasca".
422. Arrayanes. *DRAE, s.v.* "Mirto".

al ver que está en tarco[423]-turco
vuestra estampida-estampada.

—Gallo que tan bien canta —dijeron las musas— mas que nunca calle, y pues se ha echado dos *camisas* que se eche una sotana de capichola que le estará *cantando*, cuyo corte le dan los señores jueces, y el secretario le da es[t]as dos hiladas de redondillas:

> Señor, muy de razón es
> haceros *gallo* a fe mía,
> pues se ve que en la poesía
> metéis muy famosos pies.

> A las musas traéis al trote,
> y a la Castálida hallo
> que por preciaros de *gallo*
> la bebéis de *bote* en *bote*.

A tientas y a ciegas se nos puso otra vez delante el tecolote de don Cayetano de la Plata, de quien luego conocí que tenía [por] segunda vez lugar en este asunto.

—No le dés vejamen —dijo Circe—. Vete un poco a la musa y tráete el vejar para abajo, que ya basta con el pasado, si no, lee sus versos y quítate de *pitipies*.[424]

Así lo hago por su mandado:

> De día montes-de diamantes
> la traidora tropa-trepa,
> mostrando a tantos-atentos
> luceros su hilaza-ilesa.
>   Traidores con bobas-babas
> mandar quieren bravas-brevas,

---

423. No localizamos esta palabra. ¿Errata por "terco"?

424. Escala de un mapa para calcular las distancias y medidas reales. *DRAE, s.v.* "Pitipiés". Con el sentido de: "Déjate de cálculos".

y discurren puntos-pintos
sin mirar que España-es peña.
     Nunca anda su entono-en tino
y aunque tiene cada-queda,
traición calluda[425]-callada
parece que a posta[426]-apesta.
     ¡Oh traición que a tanto-tonto
casco traidor lavas-levas!
¡Y andas, pues tu moda-muda,
de barata-de bareta![427]
     Haciendo arrullos-a rayos
de maldad en saña-enseña,
tu obrar, que con muchos-machos
en obras, no pocas-pecas.
     Tu juicio de bola-bala
por reinar, cual baja-oveja,
pues tu juicio birlas,-burlas
te hagan hoy en vaya-bella.
     Y a tu enojo no hará-ira
aunque tronara-tronera;
nunca cantora-cantara
por hallarse en forma-enferma.
     Ya se hallan tus venas-vanas
de laureles y armas yermas;
no tiene en el mundo-mando
traición, que ni pizca-pesca.
     Hoy aquestos lazos-lisos,
que más te emboban-te embeban,[428]

425. De callo. Con el sentido de: dura traición.

426. Donde estaban prevenidos los caballos en los caminos, a distancia de dos o tres leguas, para que los correos y las personas fueran de una parte a otra. *Aut.*, *s.v.* "Posta".

427. Metafóricamente se refiere a una expresión picante con ánimo de herir. *Aut.*, *s.v.* "Vareta".

428. En el original: embôban-embêbâ. La tilde en este libro suele ser la elipsis de una "m" o "n", sin embargo aunque hay varias posibilidades de transcripción, las palabras resultantes no tienen sentido, por lo que solo le añadimos a la segunda palabra una "n" final.

en buscar en vegas-vagas
a tus solitas-soletas.[429]
    ¡Oh pobretes sordos-zurdos
que metéis de gorra-guerra,
que esto que no os pasó-os puso
el cuerpo de muchas-mechas!
    Todos vuestros bolos-vilos[430]
vueltos a monas-amenas,
corridos en tantas-tintas,
veo lo que os pasa,-que os pesa.
    Que ni venados-venidos
sois, porque esta paga-pega
Filipo, que a pica-apoca
la que envidia hilara-hilera.

—Cierto —dijo Circe— que a ojos *cerrados* acierta este tecolote con los asuntos, y como es *Plata* en el *quinto* y en *este* tuvo lugar por mejorarse en *sexto* y *quinto*, désele en premio una *caja de polvos* y una *cigarrera*, que en siendo suyas serán dos veces de *Plata*, para que abatiendo los *humos* de los contrarios tenga su molino buen *polvo* y dore con el sobre dorado de ellas los polvos de es[t]as dos coplas:

Tu musa el Parnaso borda,
y andas de versos con carga;
la zanca echando, tan larga,
la vista echando, tan gorda.

En tu poesía, que es completa
mina donde bien laboras,
de *plata* limpia, a estas horas,
se te ha echado limpia veta.

429. Pieza de tela con que se remienda la planta del pie de la media cuando se rompe. *DRAE, s.v.* "Soleta".
430. Bolo: Hombre ignorante o de escasa habilidad. Vilo: con indecisión, inquietud, zozobra. *DRAE, s.v.* "Bolo"; "Vilo".

Bostezó [por] segunda vez el caimán de don Francisco Gallardo y Mata, y dio su brinco hasta este asunto. Rogáronme las musas que se me fuera por alto el vejamen y en esta ocasión valió tanto salto de *Mata* como ruego *de buenos*, porque dándome Circe los versos los leí de un *brinco*, que están como un brinquiño,[431] y si no, óiganlos:

De España, la mesa,-masa,
con que el infiel pene-pone,
en paz, con plato-completo,
que se confirme-conforme.
El hambre con treta-trata,
que la vianda, que hace-ose,
la envidia de muchos-machos
sin ver que no es dable-doble.
Sin tener empacho-en pecho
siempre busca achaque-a choque,
y si lo que coma-quema
la codicia suple-sople.
Quieren verse de hurtos-hartos,
y aunque el hambre busque-bosque,
hacen de la gula-gala,
queriendo alanes-alones.[432]
Con tal defecto-de facto
logra que su envite-embote[433]
su fe, pues atado-a todo
se queja a veces-a voces.
Pierden en las bodas-vidas
tantas, que aunque en brete[434]-brote
esta semilla,-se mella
el fiel, que las curte,-corte.

431. Estar o ir muy compuesto y adornado. *DRAE, s.v.* "Estar o hecho un brinquiño".
432. Alanes: perros alanos. Alones: alas de ave. *DRAE, s.v.* "Alanes"; "Alones".
433. Envite: ofrecimiento de una cosa. Embote: enervar, debilitar o hacer menos activo y eficaz algo. *DRAE, s.v.* "Envite"; "Embote".
434. Estar metido en un aprieto. *DRAE, s.v.* "Brete".

Si por fuertes garras-guerras
en lo que suponen-ponen;
no ignoran, que España- es peña,
que llega su ataque-a toque.

Vuestra envidia altura-altera,
mas andan a dieces-dioses,
que si os acusan-acosan
cuando vuestra estirpe-es torpe.

El plato que os guisa-goza
pues el pan que parte-porte
es a vuestra saña,-seña
de que es fuerza acete[435]-azote.

Os pareció el fruto-frito,
más porque os estaque[436]-estoque;
os veis asidos-asados,
pues os dicen zape-sope.[437]

Vil parto de Vesta[438]-basta
no armen atrás mentes-montes;
y vean vuestra escala-esquila[439]
cuando quien la tape-tope.

Y tú, que en las lises-luces,
Júpiter, alegres-logres
los trofeos del terco-turco,
y en perpetuas paces-poses.

—Muy bonita *mata* de yerbabuena nos vomita el señor caimán *Mata*, tomando la asilla[440] de vejar para hacer lo que pide su apellido —dijeron las musas— y así, para taparle la boca allá van esos cinco bollos de plata que le *emboca*[441] la justa en premio de los

---

435. Probablemente una errata. Un término parecido, pero que no hace rima con azote, es acetre: caldero pequeño. *DRAE, s.v.* "Acetre".

436. Sujetar a alguien con estacas al suelo para torturarlo. *DRAE, s.v.* "Estacar".

437. Zape: Interjección coloquial para ahuyentar. Sope: Poner a alguien hecho una sopa. *DRAE, s.v.* "Zape"; "Sope".

438. Diosa romana del hogar, símbolo de la fidelidad.

439. Campana pequeña para convocar a los actos de comunidad en los conventos y otras casas. *DRAE, s.v.* "Esquila".

440. Asidero, ocasión o pretexto. *DRAE, s.v.* "Asilla".

441. En el original: envoca. Meter por la boca algo. *DRAE, s.v.* "Embocar".

bocados[442] que les tira a los traidores; que el secretario le dispara es[t]as postas:[443]

Esos cinco puntos toca,
de plata, tu boca aquí,
porque callando, es así,
yo y tú estemos punto *en boca*.

Mi musa acabar acata,
y a tan varios pareceres
contigo, pues *Mata* eres,
así con *Mata* re-mata.

[Fin del vejamen y del sueño y/o visión]

A proseguir iba cuando sonó en el Parnaso tan poderoso terremoto que no hubo musa que no se turbara, siendo entre ellas yo el de más miedo al estrépito. No quedó en todo aquello animal de los que habían salido que, dando estampida, no se despareciera, sería sin duda por llevar sus premios y quitarse de *ruidos*. Circe (por la más atrevida) fue la primera que desparramó la vista para inquirir la causa del estruendo, la que vio ser nacida de que estaban los *dioses* hechos unos *perros de pendencia*, siendo entre ellos los más *ardidos* Morfeo y Apolo, que se habían agarrado a pico y se estaban diciendo divinidades. Decía Apolo que ya sería razón relevarme del encanto, que no me había de tener toda la vida manteniéndome a su costa, a que respondió Morfeo que quién le mandaba ser compasivo, que me hubiera dejado castigar como él quería y no se hubiera metido a *fanfarrón*. De que oyó Apolo este término [de] fanfarrón, [y] engrifando[444] todos sus rayos dijo:

442. Juego de palabras: las mordidas que les dedica a los traidores. Con el sentido de ataques.
443. En las armas de fuego, bala pequeña de plomo, mayor que los perdigones. *DRAE, s.v.* "Posta".
444. Encrespar, erizar. *DRAE, s.v.* "Engrifar".

—Yo veré cómo se gastan desvergüenzas con dioses de bien, que yo tengo la culpa en rogarle a deidades ruines, pudiendo hacerlo, que quieran, que no quieran.

Y arrancando hacia a donde yo estaba me empezó a ensalmar[445] sin hacer caso de Morfeo, que adormidera[446] en mano le amenazaba. Ello es que tan eficazmente debió de exorcizarme que de repente desapareció toda la visión alegre del Parnaso y la mala visión de los poetas, hallándome en mi cuarto yo sobre mi silla con la pluma en la mano y como si tales cartas no hubiera recibido; y viendo que no había hecho nada con la dicha pluma, hube de escribir, por escribir algo:

Bañad vuestros ardores luminosos
en las fecundas aguas de Helicona,
cisnes, en quien la pluma que blasona
es la llama inmortal que hace lustrosos
vuestros hechos dichosos
de Filipo en las glorias soberanas,
logrando aclamaciones tan ufanas
que no sean capaces a entendellas[447]
ni el Sol ni las estrellas,
ni el cielo que las rige,
ni Apolo ni las musas. Mas ya dije.

Fin

---

445. Curar con oraciones. *DRAE, s.v.* "Ensalmar".

446. Planta del que se extrae del opio con propiedades narcóticas. *DRAE, s.v.* "Adormidera".

447. Entenderlas. Se conserva por la rima.

Fuentes citadas y consultadas

Ad Carolo Borromaeum Cardinalem Immensi dum molem orbis, celsi instar Atlantis,/ In Vaticana sustinet arce Pius,/Herculeo tu more humeros suppone labori,/ Et validis fesso viribus affer opem./ Magne heros, assuesce oneri juvenilibus annis,/ Longaevo imponent quod tibi fata seni. Hieronimy Amalthei. Anthologia Epigrammatvm Latinorvm Recentioris Aevi. Collegit et edidit Antonivs Stein, Vindobonae Apud Antonivm Doll, 1816.

Ad ilustrissimum Dominum D. Antonuum Ab Cordua, Submagistrum Equitum, &c. Petrus Ferdinandus Galardi, en las páginas preliminares al libro *Las poësias famosas y comedias de Don Migvel de Barrios, segunda reimpression enriquescida con lindissimas Estampas*, Amberes, Geronymo y Iuanb. Verdussen Impressores y Mercaders de Libros. Año de 1674.

ALCIATO, *Emblemas*, 2ª ed., ed. de Santiago Sebastián, tr. actualizada de los emblemas Pilar Pedraza, Madrid, Akal, 1993.

Antiqvitatvm roman, libro III, tomado de *Dionysii Halicarnassensis opera omnia graece et latinae*, vol. 1, cvm annotationibvus Heinrici Stephani, Frid. Sylbvrgii, Franc. Porti, Isaaci Casavboni, Fvlvii Vrsini, Henr. Valesii, Io. Hvdsoni et Io. Iac. Reiske. Lipsiae, Svmtibvs Gotth, Theoph. Georgi, 1774.

Anthologia poetica latina, cum materiis ad paginam adversam, excerpta ex probatissimis recentioribus poetis, partimque in linguam gallicam conversa. Auctore M. Thevenot, humaniorum litterarum censore, nec non Emerito professore quartae latinitatis scholae, in Collegio Trecensi. Pars prima, Parisiis, Apud Augustum Delalain, DD. Barbou et Lallemant successorem, via Mathhurinensium, no. 5, 1811.

Arco y certamen en la poesía mexicana colonial (siglo XVII), ed. y pr. de José Pascual Buxó, Veracruz, Universidad Veracruzana (Cuadernos de la Facultad de Filosofía y Letras 2), 1978.

ASENCIO, Eugenio, "Reloj de arena y amor en una poesía de Quevedo (Fuentes italianas y derivaciones españolas)", en *De fray Luis de León a Quevedo y otros estudios sobre retórica, poética y humanismo*, Salamanca, Universidad de Salamanca (Estudios filológicos, 290), 2005, pp. 192-193.

Astey, Luis *et al.*, *Biblioteca novohispana. Procedimientos de edición*, Ciudad de México, El Colegio de México, 1985.

Ballesteros Sánchez, Juan Ramón, *Historia romana para tiempos modernos: los* Admiranda *de Just Lipsio. Lo admirable o los cuatro libros sobre la grandeza romana de Justo Lipsio (Traducción castellana con texto latino y notas)*, tesis doctoral, Departamento de Filología Española y sus didácticas, Huelva, Universidad de Huelva, 2010.

Barragán Aroche, Raquel, "El modelo del vejamen en el Viaje al Parnaso", en Aurelio González y Nieves Rodríguez Valle (eds.), *El Viaje del Parnaso: Texto y contexto (1614-2014)*, Ciudad de México, El Colegio de México, pp. 33-48.

Barrera, Trinidad (ed.), *Por lagunas y acequias. La hibridez de la ficción novohispana*, Bern, Peter Lang, 2013.

Beristáin y Souza, José Mariano, *Biblioteca Hispanoamericana Septentrional*, 2 vols., 2ª ed., ed. de Fortino Hipólito Vera, Amecameca, Tipografía del Colegio Católico, 1883.

Blanco, José Joaquín, *Literatura en la Nueva España/2. Esplendores y miserias de los criollos*, Ciudad de México, Cal y Arena, 1995.

Blecua, Alberto, *Manual de crítica textual*, Madrid, Castalia, 1990 [1983].

Buxó, José Pascual, *El resplandor de las imágenes. Estudios sobre emblemática y literatura novohispana*, Ciudad de México, Universidad Nacional Autónoma de México, 2002.

Cano Aguilar, R., *Introducción al análisis filológico*, Madrid, Castalia, 2000.

Cayo Julio Higinio, *Fábulas. Astronomía*, edición de Guadalupe Morcillo Expósito, Madrid, Akal (Clásica), 2008.

Cedulario americano del siglo XVIII, Colección de disposiciones legales indianas desde 1680 a 1800, contenidas en los Cedularios del Archivo General de Indias, tomo II, Cédulas de Felipe V (1700-1724), edición, estudio y comentarios por Antonio Muro Orejón, Sevilla, Universidad de Sevilla, 1969, p. XIII. Las cédulas, en las pp. 612-613 y 617-618.

Cervantes, Rafael, *Fray Simón del Hierro, 1700-1775, y el norte de México: presentación historiográfica del Colegio Apostólico de Guadalupe*, Ciudad de México, Universidad Nacional Autónoma de México, 1986.

Cirlot, Juan Eduardo, *Diccionario de símbolos*, Madrid, Siruela, 1997 [1969].

Claudiano, XLII Ep. IV. *Ad Probinum, ut scribat, vv. 5-8, p. 1072. Claudii Claudiani. Opera Omnia ex editione P. Burmanni Secundi cum notes et interpretatione in usum delphini variis lectionibus notis variorum recensu editionum et codicum et indice locupletissimo accurate recensita, volumen secundum*, Londini: Curante et imprimente A. J. Valpy, A. M. 1821, p. 1072.

Claudii Claudian, *Opera Omnia ex optimis codicibus et editionibus cum varietate lectionum selectis omnium notis et indice rerum ac verborum universo recensuit N.L. Artaud in Collegio Ludovici Magni Humaniorum*

Literrum, volumen posterius, Parisiis, Colligebat Nicolaus Eligius Lemair Poesros Latinae Professor.

Commentaria in Leviticum, Cap. XIX, p. 737, en R. P. C. Cornelii A Lapide e Societate Jesu S. Scriptrae olim Lovanii, postea Romae professoris *Comentarii in Sacram Scripturam. Editio Recens Antuerpiensi, omnium castigatissimae, Collata, tomus I Pars II Pentateuchum Complectens*, Melitae, apud Tonna, Banchi & Soc., 1843.

Constituciones de la Real y Pontificia Universidad de México. Segunda edición, dedicada al rey nuestro señor don Carlos III, Ciudad de México, Imprenta de Don Felipe de Zúñiga y Ontiveros, 1775.

Continuación de la Eneyda de Publio Virgilio Maron, traducida por el dotor [sic] Gregorio Hernandez de Velasco. El suplimiento de la Eneyda de Mafeo Veggio. Poesía sobre el testamento de Virgilio. La letra de Pitágoras. Todas las dichas obras con las traducciones del Dotor Gregorio Hernandez de Velasco. Declaraciones del mismo, que sirven de Índice y los catalectos de Virgilio, Valencia, Oficina de Josef i Thomas de Orga.

Contreras García, Edna, *Los certámenes literarios en México en la Época Colonial*, tesis de doctorado en Letras, Letras hispánicas, Ciudad de México, Universidad Nacional Autónoma de México, 1949.

Correas, Gonzalo, *Vocabulario de refranes*.

Cuadriello, Jaime, "Los jeroglíficos en la Nueva España", en *Juegos de ingenio y agudeza. La pintura emblemática en la Nueva España*, Ciudad de México, Consejo Nacional para la Cultura y las Artes /Instituto Nacional de Bellas Artes/Banco Nacional de México/Grupo Ingenieros civiles asociados/ELLEK/Moreno Valle y Asociados, 1994.

De amore et concordia fraterna. Opusculum sane avrevm, ac singulis familijs pernecessarium: in quo causae discordiae fraternae numerantur, & ad eas remouendas, concordiamq; inter fratres conseruandam oportna remedia traduntur, ac discordiae incommoda, & pacis vtilitates laudesque demonstrantur. Auctore Ludovico Carbone a Costacciario, Sactra Theologiae in Almo Gymnasio Perusino publico professore. Nunc Recens ab ipso auctore emendatum, & auctum. Editio altera, Venetiis, Apud haeredes Troiani Nauij, 1586.

De simulacro reipublicae sice de imaginibvs politicae et oeconomicae virtutis. Henrici Farnesii Ebvronis I.C. Et artis oratoria Interpretatis Regij. Panegyrici Lib. IIII. Absoluti. In qvibvs qvam imperii faciem adumbrent quaedam Ilustrium Familiarum insignia; Apologi: Emblemata: Fabulae: Adagia: Hieroglyphica: breuiter oftenditur. Hvc Accedvnt Mores: Leges: Ritus: Antiqvorvm: synonyma virtutem: Paradoxa disputatium: eemplorum testimonia, ac deniq; orationes por Arte Imperandi quinque. Cvm privilegio. Papiae, Ex Officina typographica Andreae Viani. 1594. De svperiorvm permissv.

Díaz Rengifo, Juan, *Arte poética española con una fertilísima silva de consonantes comunes, propios, esdrújulos y reflejos, y un divino estímulo del amor de Dios*, tuvo muchas ediciones.

Divi Laurentii Justiniani Protopatriarchae Veneti Opera Omnia.Quae hactenus excusa sunt.Nunc recèns post omnes alias aimpressiones, & numero marginum multò quàm locupletata, & innumeris penè locis vigilantiori cura, & diligentia recognita, atque emendata, quorum lectio studiosis omnibus, praesortim concionatoribus, quàm sit utilis, & necessaria, tertia pagina indicabit. His accessit ejusdem Authoris tractatus de Incendio Divini Amoris, nunquam antea in lucem editus, opus sanè aureum, mira devotione, soliloquiisque refertum, ad emolienda obdurata corda praesentissimum pharmacum, ut quisque in legendo facile in seipso experiri poterit. Cum indice rerum, locorumque sacrae scripturae locupletissimo. Ac Auctoris vita in principio praemisa. Venetis, apud Hermolaum Albritium, thypographum, ac Bibliopolam Venetum in via Mercatoria propè S. Salvatoris Ecclesiam sub signo nominis Mariae. Qui olim erat apud Sancti Juliani Ecclesiam, nomine Hieronymi Albritii suimet Patris. Superiorum permissu, ac privilegio, 1721.

Durand, Sylvain, *La Recreation poetique. Traduction et Commentaire des epigrammes de John Owen (1564 ?-1622), Tome 2. (Traduction),* thèse de doctorat de lettres latines, Paris, Université Sorbonne Nouvelle-Paris 3, Décembre 2012.

El Arte poetica de Horacio ó Epistola a los pisones, traducida en verso castellano por D. Tomas de Yriarte, Madrid, en la Imprenta Real de la Gazeta, 1777, <http://www.traduccionliteraria.org/biblib/H/H101.pdf>.

Epigramas de Marco Valerio Marcial, 2ª ed., texto, introducción y notas de José Guillén, revisión de Fidel Argudo, Zaragoza, Institución de Fernando el Católico, 2003.

Escobedo Delgado, Martín, "Familias y redes de poder en Zacatecas. El caso de la parentela", *Clío*, Nueva época, 4, nº 32 (2004), pp. 109-132.

—, *Tres hombres escriben el mundo. Historia de la escritura en Zacatecas (1700-1750)*, Zacatecas, Universidad Autónoma de Zacatecas/Ayuntamiento de Zacatecas, 2007.

Fernández Galán Montemayor, María del Carmen, *et al.*, "Poesía hecha imagen en un certamen literario novohispano", en Arias Álvarez, Beatriz, María Guadalupe Juárez Cabañas y Juan Nadal Palazón (coords.), *Mosaico de estudios coloniales (I Coloquio Internacional Lenguas y Culturas Coloniales 2008)*, Ciudad de México, Universidad Nacional Autónoma de México, 2013, pp. 407-418.

—, *Obelisco para el ocaso de un príncipe*, Zacatecas, Universidad Autónoma de Zacatecas/Texere Editores, 2011.

Filón de Alejandría, *Interpretación alegórica de las leyes sagradas contenidas en el Génesis I y II (Legum Allegoriae). Interpretación alegórica III*, en *Obras completas de Filón de Alejandría. Tomo I*, tr. directa del griego, introducción y notas de José María Treviño, La Plata, Universidad Nacional de La Plata, 1976.

Florilegio o ramillete alfabético de refranes y modismos comparativos y ponderativos de la lengua castellana, definidos razonadamente y en estilo ameno por José María Sbarbi y Osuna, Madrid, Imprenta de A. Gómez Fuentenebro, 1873.

Gómez Chacón, Diana Lucía, "*Claustrum animae* o la edificación del alma. Las escenas constructivas del claustro de Santa María la Real de Nieva (Segovia)", *Anales de Historia del Arte*, 24, número especial diciembre, (2014), pp. 59-77.

Gómez Estrada, Grissel, "La función del sueño en el *Viaje al Parnaso*", en González, Aurelio y Nieves Rodríguez Valle (eds.), *El Viaje del Parnaso: Texto y contexto (1614-2014)*, Ciudad de México, El Colegio de México, 2017, pp. 187-202.

González Fasani, Ana Mónica, "Fiestas y poder en el siglo xviii: La Palestra ingeniosa, un certamen literario", en Roberto Casazza, Javier Storti, Lucía Casabellas Alconada y Gustavo Ignacio Mínguez (eds.), *Artes, ciencias y letras en la América colonial. Investigaciones presentadas en el Simposio internacional homónimo realizado en Buenos Aires los días 23, 24 y 25 de noviembre de 2005. Tomo I*, Buenos Aires, Teseo, 2009, pp. 95-103.

González Maya, Carlos, "Vejamen de D. Jerónimo Cáncer. Estudio, edición crítica y notas", en *Criticón*, 96, 2006, pp. 87-114.

Grados de licenciados, maestros, y doctores en artes, leyes, teología y todas facultades de la Real y Pontificia Universidad de México, 8 (1963), Ciudad de México, Universidad Nacional Autónoma de México, pp. 91 y 235.

Harrauer, Christine y Herbert Hunger, *Diccionario de mitología griega y romana*, Barcelona, Herder, 2008.

Herrera Curiel, Arnufo, "La decadencia de la imaginación. El arco triunfal de don Antonio Deza y Ulloa", *Anales del Instituto de Investigaciones Estéticas*, n° 87, 2005, pp. 7-35.

Hillerkuss, Thomas y José Arturo Burciaga Campos, *Diligencias testamentarias del Capitán Don Juan de Infante, administrador del Santo Oficio en Zacatecas, siglo xviii*, Zacatecas, Universidad Autónoma de Zacatecas, 2006.

Historia general de Real Hacienda escrita por don Fabian de Fonseca y Don Carlos de Urrutia, por orden del virey, conde de Revillagigedo, obra hasta ahora inédita y que se imprime con permiso del Superior Gobierno, Tomo I, Ciudad de México, Impresa por Vicente G. Torres, Calle del Espíritu Santo número. 2, 1845.

Hodgart, J. C., *La sátira*, Madrid, Guadarrama, 1969.

Infantes, Víctor, "A las poéticas cumbres coronadas: la orogelatería impresa del Parnaso Áureo", *Bulletin Hispanique*, 109, nº 2 (2007), pp. 449-472.

Íñigo Silva, Andrés, *Los sonetos derivados de las predicaciones que en 1618 acompañaron la fiesta de la inmaculada concepción y sus respuestas propuesta de edición crítica*, tesis de Licenciatura en Lengua y Literaturas Hispánicas, Ciudad de México, Universidad Nacional Autónoma de México, 2012.

Islas Covarrubias, Norma Hilda, *La academia a lo divino: la relación del certamen de 1683 del Triunfo parténico de Don Carlos de Sigüenza y Góngora*, tesis de Licenciatura en Lengua y Literatura hispánicas, Ciudad de México, Universidad Nacional Autónoma de México, 2002.

La Vittoria delle donne: nella quale in sei dialogi si scopre la grandezza Donnesca & la Bassezza Virile. Dscitta da Lucretio Bvrsati Da Crema, Academico Sospinto detto il Voglioso. Con due Tauole, l'vna de gli Autori citati, el'altra delle cose piu notabili. All'illvstriss. Sig. Il signor Lvigi Givstiniano. In Venetia, Appresso Euangelista Deuch. 1621. Con Licentia, & Privilegio.

Lang, Frédérique, *Los señores de Zacatecas. Una aristocracia minera del siglo xviii novohispano*, Ciudad de México, Fondo de Cultura Económica, 1999.

Leonard, Irving A., *La época barroca en el México colonial*, Ciudad de México, Fondo de Cultura Económica (Colección popular, 129), 1986.

Libro de Polidoro Vergilio, qve tracta de la invencion y principio de todas las cosas. Agora nueuamente traduzido y trasladado en lengua Castellana, para nuestra doctrina y exempol. Y dirigido al ilustrissimo Señor Don Luys Chistoual Ponce de Leon, Duque de Arcos, Marques de Zahara, conde de Casares, Señor de la Villa de Marchena, y de la Serrania de Villa luenga, &c. Por Francisco Thamara catedratico en Cadiz interprete y recopilador desta obra. En Anuers en la enseña del vnicornio dorado, en casa de Martin Nuncio, 1550.

Magnus, Albertus, *In XII prophetas minores luculentissimae quaedam Enarrationes. In quibus Albertus Ipse, sacra dutaxat sacris exponens, multa paucissimis elucidat at declarant*, Colonia, s/i, 1536.

Madrigal, Luis Íñigo (coord.), *Historia de la literatura hispanoamericana I. Época colonial*, Madrid, Cátedra, 1982.

Madroñal, Abraham, *"De grado y Gracias". Vejámenes universitarios de los Siglos de Oro*, Madrid, Consejo Superior de Investigaciones Científicas, 2005.

—, "Razones de la risa en el claustro (Los procedimientos humorísticos en los vejámenes de grado)", en Arellano, Ignacio y Victoriano Roncero, *Demócrito áureo: los códigos de la risa en el siglo de Oro*, Madrid, Renacimiento, (Colección Iluminaciones, Filología, crítica, ensayo, 26) 2006, pp. 142-177.

Martínez Bogo, Enrique, *Retórica y agudeza en la prosa de Quevedo*, Tese de Doutoramento, Facultade de Filoloxía, Universidad de Santiago de Compostela, s/f.

Medina, José Toribio, *Historia de la imprenta en México (1539-1821)*, 8 vols., edición facsimilar, Ciudad de México, Universidad Nacional Autónoma de México, 1989.

Medina, Rubén D., *Empressa métrica descifrada en nvmeros y alegorizada en symbolos. Un certamen poétic den la Nueva España*, Ciudad de México/ Acatlán, Universidad Nacional Autónoma de México/FES, 2011.

Nolting-Hauff, Ilse, *Visión, sátira y agudeza en los "Sueños" de Quevedo*, versión española de Ana Pérez de Linares, Madrid, Gredos (Biblioteca Románica Hispánica, II. Estudios y ensayos, 207), 1974.

Onomatographia; sive descriptio nominvm varii et peregrini idiomatis, qvae alicubi in Latina vulgata editione occurrunt. Opus ad intelligentiam sacrorum voluminum vtilissimum. Dividitvr in dvas partes. Prima pars continet nomina praecipua rerum veteris & novi Testamenti per ordinem alphabeticam digesta. Secvnda a verò nomina insignium personarum cum distinctione temporum, quibus personae ista floruerunt. Quae omnia ita sunt disposua, vt tam linguarum periti, quam expertes vberrimum fructum ad cruendum genuinum sacra Scriptura sensum capere possint. Auctore Lvdovico Ballester Societatis Iesu Valentino, quondam sacrae Scripturae professore in Collegio Valentino eiusdem Societatis.Accessit eiusdem Hierologia, sine Sermo sacer de substantia diuina. Prodit nvnc primvm, Lvgdvni, Sumptibus Horatij Cardon, 1617. Cvm Privilegio Regis.

Óyeme con los ojos. Poesía visual novohispana, Antología, prólogo y notas de José Gutiérrez Reyna, ilustraciones de Mateo Pizarro, Ciudad de México, Consejo Nacional para la Cultura y las Artes/La Diéresis Editorial Artesanal, 2014.

Publio Ovidio Nasón, *Fastos Libro I. II y III. Le comenta, e ilustra el Doctor Don Diego Suárez de Figueroa, Capellán de Honor de su Magestad, su Theniente de Limosnero Mayor, y Calificador del Santo Oficio, etc., Tomo Undécimo*, con licencia, Madrid, en la Imprenta de los Herederos de Francisco de el Hierro, 1737.

—, *Fastos Libro VI. V. y VI. Le comenta, e ilustra el Doctor Don Diego Suárez de Figueroa, Capellán de Honor de su Magestad, su Teniente de Limosnero Mayor, y Calificador del Santo Oficio, etc., Tomo Duodecimo*, con licencia, Madrid, en la Imprenta de los Herederos de Francisco de el Hierro, 1738.

—, *Metamorfosis*, tr. de Ana Pérez Vega, Alicante, Biblioteca Virtual Miguel de Cervantes, 2002, <http://www.cervantesvirtual.com/nd/ark:/59851/bmccz361>.

—, *Metamorfosis*, tr. de Ana Pérez Vega, Alicante, Biblioteca virtual Universal, <http://www.biblioteca.org.ar/libros/89549.pdf>.

Pérez Priego, Miguel Ángel, *La edición de textos*, Madrid, Síntesis, 1997.

Polybii et Appiani quae supersunt. Graece et latine cum indicibus. Tomus prius, Liber III, LII, 3, Parisiis, Editore ambrosio Firmin Didot, Instituti regii Francle Typographo; sumptibus et typis, MDCCCXXXIX: *Viae namque accolae, clam conspiratione facta, cum virentis olivae ramis et coronisfiunt illi obviam: fere enim ubique apud barbaros hoc pacis et amicitiae signum est, ut caduceus inter Graecos.*

Q. Horatii Flacci Carmina Expurgata, notis novissimis ilustravit Josephus Juvencius Societatis Jesu, cum Appendice de Diis & Heroibus Poëticis, ad omnium Poëtarum intelligentiam necessaria,. Nova editio prioribus longè auctior & emendatior, Parisiis, Sumptibus Fratrum Barbou, via Jacobeaa, propè Fontem Sancti Benedicti, sub Ciconiis, 1728. Cum privilegio regis.

Ravasini, Inés, "John Owen y Francisco de la Torre Sevil: de la traducción a la imitación", en Ignacio Arellano *et al.* (eds.), *Studia Aurea. Actas del III Congreso de la AISO* , Pamplona/ Toulouse, Griso/Lemsi, 1993, pp. 457-465, disponible en Centro Virtual Cervantes, <http://cvc.cervantes.es/literatura/aiso/pdf/03/aiso_3_1_045.pdf>.

Reyes Cano, Rogelio, "Fernando de la Torre Farfán, un animador de justas poéticas en la Sevilla el siglo xvii", en *Dicenda: Cuadernos de Filología Hispánica*, nº 6, 1987, pp. 501-508.

Rivera Bernárdez, José de, *Descripción breve de la muy noble y leal ciudad de Zacatecas*, estudio preliminar y edición de Carmen Fernández Galán Montemayor, Madrid/Frankfurt, Iberoamericana/Vervuert (El Paraíso en el Nuevo Mundo, 4), 2018.

Rodríguez Hernández, Dalmacio, *Texto y fiesta en la literatura novohispana*, Ciudad de México, Universidad Nacional Autónoma de México, 1998.

Sbarbi, José María, *Diccionario de refranes, adagios, proverbios, modismos, locuciones y frases proverbiales de la lengua española*, 1922.

Supplementa Annalium C.C. Taciti; Apendix Ad Lib. V. Historiarum: Stema Caesarum Illustratum; Anecdota de Tiberio, Caio, Caludio, Nerone, Galba, Othone, Vitellio, Vespasiano, Tito, Domitiano, Nerva, et Trajano; Fragmentum Lib. XCI. T. LIVII Supplemento et annotationibus illustratum; Appendix Chronologica; C.C. Taciti Politica; et Inscriptio Tabulae Trajanae. A Gabriele Brotier, Londini: In Aedibus Valpianis, 1821.

*Templo panegirico, al certamen poetico, qve celebro la Hermandad insigne del Smo. Sacramento, estrenando la grande fabrica del Sagrario nuevo de la Metropoli Savillana con las fiestas en obseqvio del Breve concedido por la Santidad de N. Padre Alexandro VII al primer instante de Maria Santissima Nuestra Señora sin pecado original, qve ofrece por Bernabe de

Escalante, en nombre de la insigne Hermandad, al Ilustrissimo, y Reverendissimo señor Dean y Cabildo de la S. Iglesia Cathedral, y Patriarchal D. Fernando de la Torre Farfan. Con Licencia, impresso en Sevilla, por Iuan Gomez de Bas, impressor mayor, año de 1663.

Tenorio Trillo, Martha Lilia, "La poesía novohispana a principios del siglo xviii: el manuscrito *Poemas varios* de fray Antonio de Segura", en *Criticón: La literatura española en el tiempo de los novatores (1675-1726)*, 103-104 (2008), pp. 233-247, consultado en Centro Virtual Cervantes <https://cvc.cervantes.es/literatura/criticon/PDF/103-104/103-104_233.pdf>.

—, *Poesía novohispana. Antología, tomo 2*, Ciudad de México, El Colegio de México/Fundación para las Letras Mexicanas, 2010.

Textus minores in usum academicum sumptibus E.J. Brill Editi Curantibus R. Feenstra, R. Hooykaas, F. W. N. Hugenholt, H.A. Oberman, W.C. Van Unnik, J.H. Waszink quibos actuarius adfuit B-A- Van Proosdij Vol. LII Ioanis Audoeni Epigrammatum Vol. II, Libri IV-X, edited by John R.C. Martyn, Tuta sub aeguide Pallas EJB, Leiden, E. J. Brill, 1978.

Torallas Tovar, Sofía, *El "De Somniis" de Filón de Alejandría*, tesis doctoral, Unversidad Complutense de Madrid, 2002, <http://eprints.ucm.es/3378/>.

Valeriano, Piero, *Hieroglyphica sive de sacris aegyptiorum literis commentarii*, Basil, 1556, <https://archive.org/stream/desacrisaegyptio00vale#page/n685/mode/2up>.

Vega, Félix Lope de, *Edición crítica de las Rimas de Lope de Vega. Tomo II [Segunda parte]*, edición crítica y anotada de Felipe B. Pedraza Jiménez, Cuenca, Universidad de Castilla La Mancha, 1993.

Vogeley, Nancy J. y Manuel Ramos Medina, *Historia de la literatura mexicana 3. Cambios de reglas, mentalidades y recursos retóricos en la Nueva España del siglo xviii*, Ciudad de México, Siglo XXI/Universidad Nacional Autónoma de México, 2011.